Wuppertaler Kreis e.V., CERTQUA

Qualitätsmanagement und Zertifizierung in Bildungsorganisationen

auf der Basis des internationalen Standards DIN EN ISO 9001:2000

von Katrin Klüber
Carsten R. Löwe

überarbeitet von
Andreas Orru

W0193780

Grundlagen der Weiterbildung

Herausgegeben von
RA Jörg E. Feuchthofen
Prof. Dr. Michael Jagenlauf MA
Prof. Dr. Arnim Kaiser

Die Reihe Grundlagen der Weiterbildung bietet Raum für

• Theorien, die das berufliche Handeln anregen und vertiefen.
• praktische Grundlagen und Tools.
• Ausarbeitungen, die konkurrierende Theorien, Praxen, Modelle und Ansätze gedanklich und empirisch weiterführen.

Wichtiger Hinweis des Verlages: Der Verlag hat sich bemüht, die Copyright-Inhaber aller verwendeten Zitate, Texte, Bilder, Abbildungen und Illustrationen zu ermitteln. Leider gelang dies nicht in allen Fällen. Sollten wir jemanden übergangen haben, so bitten wir die Copyright-Inhaber, sich mit uns in Verbindung zu setzen.

Inhalt und Form des vorliegenden Bandes liegen in der Verantwortung der Autoren.

Bibliografische Information Der Deutschen Bibliothek
Die Deutsche Bibliothek verzeichnet diese Publikation in der Deutschen Nationalbibliografie; detaillierte bibliografische Daten sind im Internet über *http://dnb.ddb.de* abrufbar.

ISBN-10: 3-937 210-77-6
ISBN-13: 978-3-937 210-77-3

Verlag   ZIEL – Zentrum für interdisziplinäres erfahrungsorientiertes Lernen GmbH
                    Neuburger Straße 77, 86167 Augsburg, www.ziel-verlag.de
                    2. überarbeitete Auflage 2006

Grafik und   Petra Hammerschmidt, **alex media GbR**
Layoutgestaltung   Zeuggasse 7, 86150 Augsburg

Druck und   Kessler Verlagsdruckerei
buchbinderische   Michael-Schäffer-Straße 1
Verarbeitung   86399 Bobingen

© Alle Rechte vorbehalten. Kein Teil dieses Buches darf in irgendeiner Form (Druck, Fotokopie oder einem anderen Verfahren) ohne schriftliche Genehmigung von ZIEL reproduziert oder unter Verwendung elektronischer Systeme verarbeitet, vervielfältigt oder verbreitet werden.

Inhaltsverzeichnis

5. Projekt – Einführung eines Qualitätsmanagementsystems nach ISO 9001

Vorwort zur ersten Auflage

Globalisierung, Strukturwandel und die rasante Entwicklung der Technik führen zu ständig neuen Qualifikationsanforderungen. Lebenslanges Lernen ist daher heute notwendiger denn je. 48 Prozent der Deutschen zwischen 19 und 64 Jahren nehmen jährlich an Weiterbildungsveranstaltungen teil; die meisten, um sich für berufliche Aufgaben zu qualifizieren.

34 Milliarden Mark bzw. 17,4 Milliarden Euro wenden nach Angaben des Instituts der deutschen Wirtschaft die Unternehmen allein für die berufliche Weiterbildung ihrer Mitarbeiter auf. Bei härter werdendem internationalem Wettbewerb und steigendem Kostendruck muss sichergestellt werden, dass sich diese Investition in die berufliche Qualifikation auch lohnt. Bildungsanbieter müssen daher dieselben Anforderungen an Qualität und Effizienz erfüllen wie andere Unternehmen auch.

Als ganzheitliches Instrument der Qualitätssicherung hat sich weltweit der internationale Qualitätsmanagementstandard ISO 9001 durchgesetzt. Über 400.000 Unternehmen arbeiteten Ende 2000 mit einem danach zertifizierten Qualitätsmanagementsystem, 65.000 mehr als nur ein Jahr zuvor. Damit ist ISO 9001 der international am meisten angewandte Standard überhaupt. Für Bildungsanbieter, die sich als Dienstleister für Unternehmen und andere Auftraggeber verstehen, ist schon deshalb die Auseinandersetzung mit dem Konzept des Qualitätsmanagements nach ISO 9001 geboten.

ISO 9001 bietet nicht nur die Chance, die Qualität der Bildungsangebote nachhaltig zu steigern und das systematische Qualitätsmanagement in der Bildungsarbeit durch ein international anerkanntes Zertifikat auch nach außen zu belegen, es eröffnet sich für Bildungsorganisationen auch die Chance, Arbeitsabläufe und Organisationsstrukturen zu verbessern und langfristige Effizienzgewinne zu erzielen.

In Deutschland hat daher die Zahl der Bildungsorganisationen, die ein Qualitätsmanagement nach ISO 9001 aufgebaut haben, seit Mitte der 90er Jahre ständig zugenommen. Bildungseinrichtungen mit über 500 Standorten und einem Umsatz von rund einer Milliarde Euro sind bislang von der Zertifizierungseinrichtung der deutschen Wirtschaft für die berufliche Bildung, CERTQUA, erfolgreich zertifiziert worden, darunter auch der Lehrstuhl für Erwachsenenpädagogik der Universität Leipzig, der sich als erste Einrichtung seiner Art erfolgreich der Zertifizierung seines Qualitätsmanagementsystems gestellt hat.

Im Dezember 2000 wurde der internationale Qualitätsmanagementstandard ISO 9001, der 1987 erstmals veröffentlicht wurde, einer umfassenden Revision unterzogen. Er ist jetzt prozessorientiert aufgebaut und entspricht so der inhaltlichen Logik der Arbeitsabläufe bei der Erstellung von Bildungsleistungen. Die Sprache wurde verständlicher gestaltet, so dass die Anwendung auf Bildungsorganisationen einfacher geworden ist. Durch eine bessere Abstimmung wurde die Anzahl der Einzelnormen drastisch reduziert und die Orientierung wesentlich erleichtert. Der obligatorische Dokumentationsaufwand wurde, wo möglich, reduziert.

Inhaltlich legt der neue ISO-Standard mehr Nachdruck auf die Verpflichtung der obersten Leitung zur Qualität und die Einführung messbarer Qualitätsziele in allen relevanten Funktionen und Ebenen der Organisation. Er fordert erstmals die systematische Ermittlung der Kundenzufriedenheit und kontinuierliche Verbesserungen. Damit wird eine Brücke geschlagen zu dem Konzept des Total Quality Managements, wie es dem Europäischen Qualitätspreis zu Grunde liegt.

Mehr Aufmerksamkeit widmet das Qualitätsmanagement nach ISO 9001 auch dem Management der Ressourcen und der Überwachung der Wirksamkeit von Schulungsmaßnahmen für Mitarbeiter. Der neue Leitfaden zur Leistungsverbesserung berücksichtigt darüber hinaus – neben den Anforderungen von Kunden – auch die von Mitarbeitern, Anteilseignern, Lieferanten sowie der Gesellschaft.

Die umfassende Revision des Qualitätsmanagementstandards hat eine Neubearbeitung dieses Leitfadens notwendig gemacht, der 1996 als Bericht 47 des Wuppertaler Kreises e.V. unter dem Titel „Qualitätsmanagement in der Weiterbildung nach DIN EN ISO 9000 ff." erschienen war.

Die Inhalte wurden auf den neuesten Stand gebracht und die neuen Anforderungen eingearbeitet. Vollständig überarbeitet wurde der Abschnitt zu den Interpretationen der einzelnen Elemente des Qualitätsmanagements nach ISO 9001 für die Weiterbildung. Damit liegt jetzt erstmals eine umfassende Arbeitshilfe mit Schaubildern und Musterformularen zur Umsetzung des neuen ISO-Standards in Bildungseinrichtungen vor.

Der ursprüngliche Leitfaden basierte auf einer Projektarbeit des Wuppertaler Kreises e.V., die von der Stiftung Industrieforschung gefördert worden war. Die Neubearbeitung wurde durch die gemeinsame Zertifizierungsorganisation (CERTQUA) der Spitzenverbände der Deutschen Wirtschaft und des Wuppertaler Kreises vorgenommen.

Köln/Bonn, im Januar 2002

Vorwort zur zweiten überarbeiteten Auflage

Auf der Bildungsbranche lastet ein immenser Innovations- und Kostendruck. Gerade in den letzten drei Jahren haben Bildungsorganisationen, die ganz oder teilweise für öffentliche Kostenträger arbeiten, einen erheblichen Transformationsprozess durchlaufen. Budgetkürzungen und reorganisierte Einkaufsprozesse der Auftraggeber, neue Förderstrukturen (Bildungsgutschein, Bildungsscheck z. B. in NRW, AZWV), neue Akteure (ARGEN, Optionskommunen etc.) u.v.m. erzwangen erhebliche Veränderungen in der Branche.

Zentraler Erfolgsfaktor führender Bildungsorganisationen wird in Zukunft die Fähigkeit sein, sich dauerhaft durch qualitativ hochwertige Bildungsdienstleistungen vom Wettbewerb zu differenzieren. Angebot und Qualität dieser Leistungen müssen sich konsequent an dynamisch ändernden Anforderungen der (institutionellen) Auftraggeber und Kunden orientieren.

Dies erfordert, dass Kundenanforderungen regelmäßig erhoben werden, daran Serviceleistungen und Serviceprozesse der Bildungsorganisation unter Berücksichtigung wirtschaftlicher Ziele ausgerichtet werden und letztendlich kontinuierlich die Kunden- und Teilnehmerzufriedenheit ermittelt wird, um zu einer sicheren Basis zur Entwicklung der Bildungsorganisation zu gelangen.

All dies erfordert eine Systematik und einen Rahmen, an dem die erforderlichen Maßnahmen ausgerichtet und bewertet werden können. Auch in der Bildungsbranche haben sich daher Modelle nach dem prozessorientierten internationalen Qualitätsstandard DIN EN ISO 9001:2000 etabliert.

Dieses Buch möchte auch mit dieser neuen Auflage einen Beitrag zur Orientierung und Einführung eines Qualitätsmanagementsystem nach dieser Norm leisten. Alle Kapitel dieses Buches wurden gegenüber der vorhergehenden Ausgabe überarbeitet und dem Stand der Zeit angepasst. Zahlreiche neue Abbildungen sollen den Umgang mit der Qualitätsnorm erleichtern und unterstützen.

Bonn im August 2006

1. Einleitung

1. Einleitung

1.1 Qualitätsmanagement in der Weiterbildung

Strategisches Management im Bildungssektor zeichnet sich heute im zunehmenden Preis- und Qualitätswettbewerb durch einen konstanten Blick auf die systematische Entwicklung der externen Kundenanforderungen und eines adäquaten internen Ressourceneinsatzes aus.

Das Denken in den Kategorien eines professionellen und umfassenden Qualitätsmanagements kann hierfür wertvolle Impulse liefern. Ein System auf der Basis des internationalen Standards DIN EN ISO 9001:2000 beispielsweise verbindet methodisch intern orientierte Konzepte (Mitarbeiter, Ressourcen, Kosten etc.) mit den extern orientierten Ansätzen (Markt, Wettbewerb, Kunde etc.).

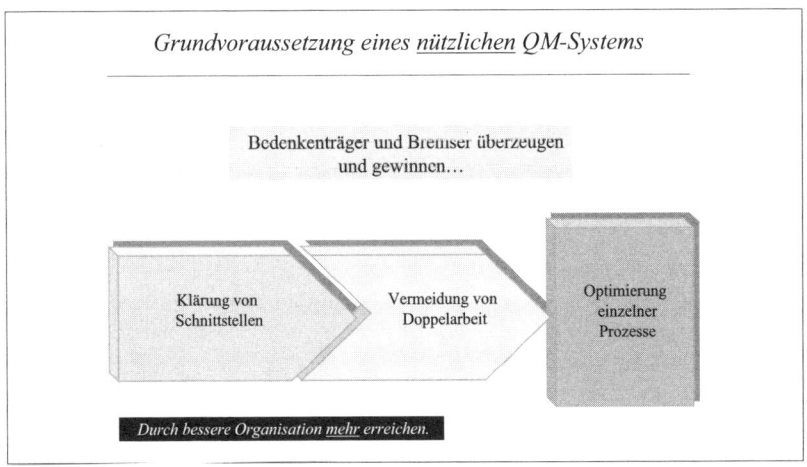

Führungskräfte des Bildungsmanagements sind daher aufgerufen, hier rechtzeitig strategisch vorzuarbeiten, die Qualitätsfähigkeit ihrer Einrichtungen auf den Prüfstand zu stellen und die Herausforderungen anzunehmen. Überlegenes Management im Bildungssektor zeichnet sich dadurch aus, dass Sie die Stärken, aber auch die Schwachstellen ihrer Organisation genau kennen und die richtigen Maßnahmen zu rechten Zeit einleiten.

Die gemeinsame Klammer aller Bemühungen muss schließlich in einem professionellen Qualitätsmanagementsystem bestehen, welches alle Ressourcen, Prozesse und Aktivitäten bündelt und über klare Qualitätsziele verbindlich steuert.

Vor diesem Hintergrund lassen sich einige Thesen formulieren, die die Bedeutung professioneller Qualitätsmanagementsysteme und die Notwendigkeit zu deren Einführung unterstreichen.

Vier Thesen zur Qualitätsfrage im Bildungsbereich

These 1 – Bildung als Dienstleistung
- Wer für die Wirtschaft ausbildet, muss auch die Qualitätsstandards der Wirtschaft erfüllen.
- Die Beurteilung der grundsätzlichen Qualitätsfähigkeit eines Bildungsanbieters unterscheidet sich *nicht* von der anderer Dienstleistungs- und Wirtschaftsbereiche. An Bildungsanbieter müssen daher die gleichen Anforderungen gestellt werden können wie an die Wirtschaft, für die qualifiziert wird.

These 2 – Qualität im Vorfeld belegen können
- Als Entscheidungskriterium wird es für Kunden und Auftraggeber immer wichtiger, bereits *vor* Auswahl der Bildungsmaßnahme deren Eignung bestimmen zu können. (Hier geht es um die grundsätzliche Qualitäts*fähigkeit* der Bildungsorganisation!)

These 3 – Bildung und Ökonomie
- Die Leiter der Bildungseinrichtungen können ihrer ökonomischen Verantwortung nur auf der Grundlage optimierter Prozesse und definierter Qualitätsstandards gerecht werden.

These 4 – Kostenstruktur optimieren
- Das systematische Durchdringen der Leistungsprozesse und das Schaffen von Transparenz über die Optimierung der Prozesse sind zentrale Ansatzpunkte des Qualitätsmanagements.
- Effizientes Prozess- und Qualitätsmanagement sind die Basis für die Optimierung der Kostenstrukturen.

1.2 Die Problematik des Qualitätsbegriffs im Bildungssektor – Was ist Qualität?

Überblickt man den Stand der Diskussion um die Frage, was Qualität im Bildungsbereich ausmacht, so fällt sehr schnell die Unschärfe des Begriffs auf und damit die Schwierigkeit, eine griffige Definition des Qualitätsbegriffs zu formulieren.

Erschwerend kommt hinzu, dass die Bildungslandschaft mit einer Vielzahl von Qualitätsbegriffen konfrontiert wird, z. B. Qualität, Qualitätssicherung, Qualitätsmanagement, Qualitätsentwicklung, Qualitätsevaluation, Qualitätskontrolle etc.

Um die Frage „Was ist Qualität?" zu beantworten, soll man sich von Alltagsdefinitionen lösen und nach einer professionellen Definition suchen, wie sie sich beispielsweise in der ISO 8402 findet.

Qualität ist danach die Gesamtheit von Merkmalen einer Einheit *(z. B. einer Seminardienstleistung)* bezüglich ihrer Eignung, <u>festgelegte</u> und <u>vorausgesetzte</u> Erfordernisse zu erfüllen.

Für die Bildungseinrichtung kommt es also darauf an, in der Kommunikation mit dem Kunden die zu kontrahierenden Erfordernisse ebenso präzise zu ermitteln wie die von ihm nicht ausgesprochenen, aber dennoch erwarteten Qualitätsmerkmale zu erfüllen. Sodann ist in der eigenen Organisation zu prüfen, ob alle Leistungsmerkmale unter den anzunehmenden Bedingungen wie Preis, Kosten, Zeit etc. adäquat zu erbringen sind.

Eine umfassende Dienstleistungsqualität im Bereich der Weiterbildung setzt sich aus mehreren Qualitätsfeldern zusammen. Differenziert wird beispielsweise nach Ergebnis-, Ausführungs- und Prozessqualität. Innerhalb dieser Einheiten sind die jeweiligen Qualitätsstandards festzulegen. Ausgangspunkte sind der ermittelte

Kundennutzen sowie die unternehmensinternen Qualitätsforderungen, die jetzt den vorher definierten Qualitätseinheiten in Form von Leistungsmerkmalen zugeordnet werden. Durch einen regelmäßigen Soll/Ist-Vergleich werden Anstöße zu kontinuierlichen Verbesserungen der vorher definierten Qualitätsstandards möglich.

In der Praxis ist, in Anlehnung an das Instrument des „Quality Function Deployment" (QFD), eine Differenzierung nach einem 3-stufigen Modell hilfreich:

Stufe 1: Grundqualität
Diese Leistungsstufe nimmt der Kunde als selbstverständlich an. Sie wird vom Kunden nicht ausgesprochen. Beispiel: reibungsloser Lehrgangsverlauf.

Stufe 2: Leistungsqualität
Diese Leistungsstufe wird vom Kunden ausdrücklich gewünscht. Beispiel: hoher Lerntransfer für die Teilnehmer (Praxisbezug).

Stufe 3: Begeisterungsqualität
Hier erfährt der Kunde unerwartete Extras, mit denen er nicht rechnete.
Beispiel: Besondere, unmittelbar praxisverwertbare Teilnehmerunterlagen.

Wo liegt der Nutzen professioneller Qualitätsmanagementsysteme für Bildungsorganisationen?

Der Vorteil für die Bildungsorganisation liegt ganz sicher in der Systematisierung vorhandener Vorgehensweisen.

In der Praxis stellen sich immer wieder folgende Argumente als zutreffend heraus:

- Die Transparenz der Abläufe in der Organisation wird deutlich wird erhöht.
- Der Grad der Steuerbarkeit (durch klare Prozessorientierung) wird vergrößert.
- Die Durchführungsqualität der Schulungsmaßnahmen wird sicherer.

Die Qualitätsbemühungen müssen sich natürlich auf alle kundenrelevanten Leistungsfelder beziehen, die jede Bildungsorganisation für sich definiert.

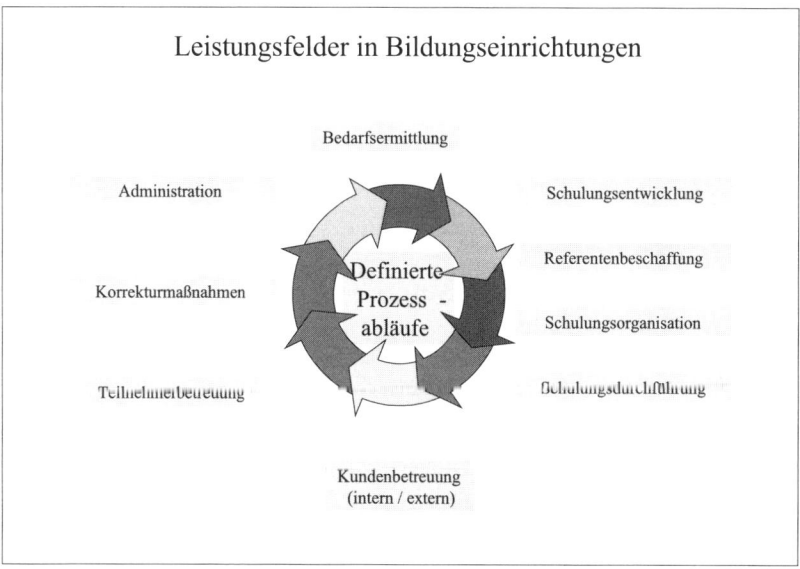

Leistungsfelder in Bildungseinrichtungen

1.3 Differenzierungen im Weiterbildungsmarkt

Die Bildungseinrichtungen stehen unter zunehmendem Wettbewerbsdruck. Der Weiterbildungsmarkt lässt sich in drei Segmente einteilen.

Erstes Segment ist die betriebliche Weiterbildung. Diese wird i. d. R. von den nach Weiterbildungsdienstleistungen nachfragenden Unternehmen finanziert. Die Durchführung erfolgt entweder mit eigenen Kräften in den Unternehmen selbst oder durch die Leistungserbringung externer Bildungsunternehmen, Trainer etc.

Zweites Segment sind die Privatzahler. In einer alternden Gesellschaft, kommt diesem Segment eine zunehmende Bedeutung zu. Die Erwerbstätigen müssen verstärkt in ihre eigene Beschäftigungsfähigkeit investieren.

Drittes Segment des Bildungsmarktes ist die öffentlich geförderte Weiterbildung. Diese hat in den letzten Jahren eine erhebliche Marktbereinigung durchlaufen. Die Ausgaben für die aktive Arbeitsförderung wurden beispielsweise im Betrachtungszeitraum vom ersten Quartal 2005 zum ersten Quartal 2006 um über eine Milliarde Euro auf nunmehr 1.003 Mio. € reduziert.

Für die Bildungsunternehmen dieses Segments ist die zentrale Herausforderung, sich den veränderten Marktgegebenheiten zu stellen unter den Aspekten von Strategie und Neuaufstellung, Kosten und Qualität, Geschäftsprozessmanagement und Flexibilität.

1.4 Qualität als Wettbewerbsfaktor und Verkaufsargument

Die Herausforderungen für Bildungseinrichtungen sind benannt. Unter dem Gesichtspunkt der Qualität und dem Stellenwert der Qualitätsfrage im Unternehmen hat sich das Management einigen Leitfragen zu stellen:

- Welche Qualitätsstrategie formuliert das Unternehmen zur Marktbehauptung?
- Wie kann es sich unter Qualitätsaspekten vom Wettbewerb abgrenzen?
- Welches Qualitätslevel ist mit den Faktoren Kosten und Marktpositionierung bestmöglich vereinbar?
- Was ist das „richtige" Qualitätsmodell?

Die zentrale Herausforderung ist das Belegen der grundsätzlichen Qualitätsfähigkeit vor der Auftragsvergabe. Die bloße Behauptung, dass man Qualität „liefern" könne, reicht nicht mehr aus.

Im Nachweis der Qualitätsfähigkeit liegt schließlich der Sinn einer externen Beurteilung des angewandten Qualitätsmanagementsystems durch eine neutrale Stelle (Zertifizierungsorganisation). Diese prüft und bewertet das Qualitätsmanagementsystem auf Vollständigkeit, Plausibilität und Normkonformität, stellt ein entsprechendes Zertifikat aus und gibt dem Auftraggeber (Kunden, Teilnehmer) ein zusätzliches Kriterium für die Auftragsvergabe an die Hand.

1.5   Die Qualitätsdiskussion der letzten Jahre

Besonders im Zuge der Diskussion um den Hartz-Bericht 2003 und die dann folgenden Gesetzesinitiativen, beginnend mit „Hartz I", wurde im Bildungsbereich eine Neuausrichtung der Qualitätsfrage ausgelöst.

Im Modul 8 des Hartz-Berichtes wurde Stellung zum Nachweis der Qualitätsfähigkeit von Bildungsorganisationen bezogen, die im Bereich der BA-finanzierten Weiterbildung tätig waren. Im Ergebnis wurde die Qualität als nicht ausreichend bewertet und eine obligatorische externe Zertifizierung des Qualitätsmanagments auf der Basis hoher internationaler Standards (DIN EN ISO 9001) empfohlen.

Im weiteren Verfahren fanden diese Empfehlungen Eingang in das Gesetzgebungsverfahren (Hartz I) und führten zu den nun geltenden Formulierungen, beispielsweise in den §§ 84, 85 SGB III.

Verabschiedet wurde die Verlagerung der Qualitätsprüfungen weg von der Bundesagentur für Arbeit hin zu „Fachkundigen Stellen", die nun für die externe Träger- und Maßnahmenzulassung zuständig sind. Gemäß § 86 SGB III wurde das damalige Bundesministerium für Wirtschaft und Arbeit (BMWA) mit der Erarbeitung einer konkretisierenden Rechtsverordnung beauftragt. Die „Anerkennungs- und Zulassungsverordnung Weiterbildung (AZWV)" regelt u. a. auch die Verpflichtung der Bildungsorganisationen zum Aufbau eines angewandten Qualitätssicherungssystems, welches von den Fachkundigen Stellen detailliert zu prüfen ist. Entgegen den Hartz-Empfehlungen ist jedoch kein bestimmtes Qualitätsmodell mehr vorgeschrieben.

Dieses und die Bereitschaft öffentlicher Stellen, ohne jede Koordinierung und Bedarfsprüfung immer wieder Gelder zur Entwicklung weiterer neuer Qualitätsmodelle bereitzustellen, führte zu einer Inflation von Modellen, deren Anzahl und jeweilige Leistungsfähigkeit nur noch von wenigen Fachleuten zu überblicken ist. Diese Aufgabe ist weder den institutionellen Auftraggebern (z. B. BA, ARGEN, Optionskommunen etc.), den Teilnehmern (um die es ja eigentlich gehen sollte), den Unternehmen (die ein Weiterbildungsunternehmen für ihre Mitarbeiterschulung suchen) noch den Führungskräften der Bildungsunternehmen selbst (die sich für oder gegen ein bestimmtes Qualitätsmodell entscheiden müssen) zumutbar.

Hier eine Auswahl einiger Qualitätsmodelle, die sich derzeit auf dem Markt befinden:

I. Internationale Modelle
- DIN EN ISO 9001
- EFQM

II. Nationale Modelle
- LQW I
- LQW II
- PAS 1037
- QES
- QES plus

Nur die internationalen und wirtschaftsnahen Modelle ISO 9001 und EFQM sind auf der Basis breiter internationaler Abstimmungen entstanden und werden immer weiter fortentwickelt. Sie sind unabhängig von öffentlichen Zuwendungen und stellen seit vielen Jahren ein funktionierendes und anerkanntes System der Qualitätsbewertung dar.

Vorteile des internationalen Qualitätsmanagementsystems ISO 9001

1. **Professioneller Reorganisationsansatz**
   für die gesamte Bildungsorganisation
   („Aus einem Guss")

2. **Vermeidung von Insellösungen**

3. **Keine überfrachtete Leitbilddebatte**
   (wie bei vielen anderen Q-Modellen)

Die beispielhaft aufgeführten nationalen Modelle sind ohne öffentliche Förderung nicht denkbar. Fachlich mussen sie regelmaßig Anleihen an den internationalen Leitmodellen ISO 9001 und EFQM nehmen. Für den Nutzer stellt sich daher die Frage, weshalb er dann nicht gleich auf die internationalen Modelle setzt, die er ja jederzeit noch um fachspezifische Elemente ergänzen kann.

Bei den internationalen Qualitätsmodellen ist eine breite Diskussion mit internationalen Experten, eine internationale Koordinierung, mehrere Durchläufe bei den kontinuierlich anstehenden Normrevisionen, ein unabhängiges und ebenfalls international breit abgestimmtes Akkreditierungsverfahren sichergestellt.

1.6 Zertifizierung nach DIN EN ISO 9001 – ein Qualitätsmerkmal für Bildungsorganisationen

Eine Kernfrage ist in der Tat, ob sich Qualitätsmanagementsysteme problemlos auch auf die Bildungsbranche übertragen lassen. Dazu muss man zunächst nach der Zielrichtung des Qualitätsmanagementsystems, hier DIN EN ISO 9001, fragen.

Auch im Bildungsbereich gilt, jedes Produkt (Bildungsdienstleistung) unterliegt jeweils anderen spezifischen Anforderungen und ist demnach nur unter individuellen Qualitätssicherungsmaßnahmen zu erzeugen.

Qualitätsmanagementsysteme hingegen sind *nicht produktorientiert* und können unabhängig von der Branche und den spezifischen Produkten einen ähnlichen Aufbau festlegen. Die Anwendbarkeit ist daher auch für Bildungsorganisationen gegeben.

Eine *Qualitätsmanagementnorm* beschreibt, welchen Anforderungen das Management einer Bildungsorganisation genügen muss, um einem bestimmten Standard bei der Umsetzung des Qualitätsmanagements zu entsprechen. Dies kann sowohl informativ für die Umsetzung innerhalb der Bildungsorganisation oder auch zum Nachweis bestimmter Standards gegenüber Dritten – Institutionelle Auftraggeber wie die Bundesagentur für Arbeit, beauftragende Unternehmen oder Einzelkunden (Teilnehmer) – dienen.

Mit der Normenreihe DIN EN ISO 9000 ff. sind Standards geschaffen worden, welche die Grundsätze für Maßnahmen zum Qualitätsmanagement dokumentieren. Gemeinsam bilden sie einen zusammenhängenden Satz von Normen für Qualitätsmanagementsysteme, welche das gegenseitige Verständnis auf nationaler und internationaler Ebene erleichtern sollen.

Das erfolgreiche Führen und Leiten einer Bildungsorganisation erfordert, dass sie in systematischer und klarer Weise geleitet und gelenkt wird. Ein Weg zum Erfolg kann die Einführung und Aufrechterhaltung eines Managementsystems sein, das auf ständige Leistungsverbesserung ausgerichtet ist, indem es die Erfordernisse aller interessierten Parteien berücksichtigt. Eine Organisation zu leiten und zu lenken umfasst neben anderen Managementdisziplinen auch das Qualitätsmanagement.

Die Normen EN ISO 9000:2000 ff. sind grundsätzlich prozessorientiert aufgebaut.

Um die Einführung und Zertifizierung internationaler Qualitätsmanagementsysteme auch im Bildungsbereich zu fördern, wurde durch die Spitzenverbände der Deutschen Wirtschaft (BDA, DIHK, ZDH) und den Wuppertaler Kreis e.V. bereits 1994 eine speziell auf die Bildungsbranche ausgerichtete Zertifizierungsorganisation (CERTQUA, www.certqua.de) gegründet.

ISO 9000 ff. - Was ist das?

- Ist eine: Internationale Normenreihe

- definiert: Forderungen an ein Qualitätsmanagementsystem

- zum: Nachweis der Fähigkeit, eine
  Bildungsdienstleistung professionell
  entwickeln und durchführen zu können.

- Ziel: Systematische Fehlerverhütung

1.7   Ziel dieses Leitfadens

Dieser Leitfaden richtet sich an Fach- und Führungskräfte in Bildungseinrichtungen.
Er soll die Anforderungen der internationalen Normenfamilie DIN EN ISO 9000 ff.
erläutern und Anregungen für die Gestaltung eines Qualitätsmanagementsystems
geben. Er greift dabei auf die Erfahrungen zurück, die Mitglieder des Wuppertaler Kreises und die Zertifizierungsorganisation CERTQUA mit dem Aufbau und der
Zertifizierung von Qualitätsmanagementsystemen gemacht haben.

Nach einer Einleitung im 1. Kapitel wird im 2. Kapitel die bisherige Qualitätsdis-
kussion in der Weiterbildung resümiert.

Das 3. Kapitel bietet eine kurze Einführung in die Geschichte und die Terminologie der Normenfamilie DIN EN ISO 9000 ff. Die verwendeten Begriffe sowie die Anforderungen der Normen werden erläutert und für eine Anwendung in der Weiterbildung umgesetzt.

Im 4. Kapitel werden die grundlegenden Anforderungen eines Qualitätsmanagementsystems in Bildungsorganisationen vorgestellt.

Das 5. Kapitel zeigt Implementierungsschritte zur Einführung eines Qualitätsmanagementsystems in einer Bildungsorganisation auf.

Im 6. Kapitel werden die Voraussetzungen eines erfolgreichen Zertifizierungsverfahrens vorgestellt.

2. Erfolgsfaktoren für Bildungsorganisationen

2. Erfolgsfaktoren für Bildungsorganisationen

2.1 Qualität in der Weiterbildung – der Kunde im Mittelpunkt

Bildungseinrichtngen sind Dienstleister. Sie haben ihre Arbeit ebenso professionell zu planen, durchzuführen und auszuwerten wie jedes andere Unternehmen auch. Der Kunde steht hier wie dort im Mittelpunkt der Betrachtung. Einen Sonderbonus, dass es sich um das „Produkt" Bildung handelt, gibt es nicht.

Eine Besonderheit kann allenfalls darin gesehen werden, dass wir es in der Bildungsbranche mit einem mehrfach differenzierten Kundenbegriff zu tun haben. Einerseits der Kunde des institutionellen Auftraggebers oder auch eines Bildung einkaufenden Unternehmens und anderseits der Teilnehmer, der in einer konkreten Bildungsmaßnahme die Leistung „empfängt".

Wir haben vielleicht ferner die Besonderheit, dass nicht alle Kunden / Teilnehmer unbedingt „freiwillig" an einer Bildungsmaßnahme teilnehmen. Etwa, wenn ein Unternehmen Mitarbeiter zu einer Weiterbildung entsendet, die sie von sich aus nicht besuchen würden oder wenn die Bundesagentur für Arbeit Leistungsempfänger zur Teilnahme an einer Weiterbildungsmaßnahme verpflichtet.

In allen Fällen ist die Bildungsdienstleistung systematisch zu planen und mit der vereinbarten Qualität durchzuführen. Der Kunde und seine (konkreten) Anforderungen an die Bildungsorganisation sowie an die kontrahierte Bildungsdienstleistung ist Ausgangspunkt jeglicher Betrachtung.

2.2 Erfolgsfaktoren des Qualitätsmanagementsystems

Der strategische Vorteil der Einführung eines professionellen Qualitätsmanagementsystems auf der Basis der Qualitätsstandards ISO 9000 ff. liegt in der gemeinsamen Klammer für die drei Säulen Kundenorientierung, Mitarbeiterorientierung und Prozessorientierung (Messbarkeit!).

Verbunden werden die drei Säulen durch eine verbindliche Qualitätspolitik und untermauert durch nachvollziehbare Qualitätsziele, die u.a. eine Verpflichtung zur Erfüllung der Kundenanforderung und zur ständigen Verbesserung der Wirksamkeit des Qualitätsmanagementsystems enthalten. Das Management setzt die Qualitätspolitik und daraus abgeleitete messbare Qualitätsziele als Steuerungsinstrument ein, um die eigene Organisation zur systematischen Verbesserung ihrer Bildungsdienstleistungen zu führen.

Das Bildungsmanagement muss im Vorfeld folglich eine ganze Reihe von Leitfragen stellen und beantworten, die für die spätere Ausgestaltung des eigenen Qualitätsmanagementsystems von herausragender Bedeutung sind.

- Wie lautet unsere Qualitätspolitik?
- Mit welchen Qualitätszielen steuern wir unsere Arbeit?
- Was sind die tatsächlichen Erfolgsfaktoren unserer Bildungsarbeit?
- Welche Bedeutung haben sie für unsere Auftraggeber?
- Welche Bedeutung haben sie für unsere Teilnehmer?
- Wo liegen, aus Kundensicht, unsere Stärken und Schwächen?
- Welche Ressourcen wenden wir auf, um die Kundenanforderungen zu erfüllen?
- Welche Stärken bzw. Schwächen haben unsere Ressourcen?
- Wie positionieren wir uns zum Wettbewerb?

Die Beantwortung dieser Fragen ist für das Management einer Bildungseinrichtung entscheidend, da sie die (künftige) Aufstellung im Markt entscheidend beeinflussen.

Im bestehenden Preis- und Qualitätswettbewerb können nur die Bildungsorganisationen bestehen, die ihre Erfolgsfaktoren (Qualität, Preis, Kosten, Innovation etc.) sicher im Griff haben. Nur wer seine Erfolgsfaktoren beherrscht, kann seine Position im Markt erfolgreich behaupten.

Damit der Bildungsanbieter seine Position im Markt präzise analysieren kann, muss er seine kundenspezifischen Erfolgsfaktoren auf der Marktseite kennen, bewerten und daraus eine geeignete Strategie des zur Erreichung der Kundenziele notwendigen Ressourceneinsatzes ableiten.

Mit der Qualität der eingesetzten Mittel bestimmt der Bildungsanbieter letztlich also auch seinen Erfolg im Markt (Kunden). Zu den Erfolgsfaktoren zählen beispielsweise:

- Akzeptanz der erworbenen Zertifikate auf dem Arbeitsmarkt
- Professionalität der Dozenten
- Zukunftsorientierung der Lehrinhalte
- Praxisnahe Umsetzung der Lehrinhalte
- Technische Ausstattung der Schulungsräume
- Ambiente und Wohlfühlfaktor der Schulungsräume
- Preisakzeptanz des Bildungsanbieters
- Informationsqualität seiner Seminarankündigungen (Prospekte etc.)
- Beratungsqualität durch die Mitarbeiter im Seminarvertrieb

2.3 Die Kostendifferenzierung der QM-Einführung

Viele Führungskräfte der Bildungseinrichtungen fragen jedoch, bevor sie ein Qualitätsmanagementsystem einführen, sehr kritisch, was es neben Aufwand und Kosten an tatsächlichen Effekten für Mitarbeiter, Unternehmen, Auftraggeber und Teilnehmer „bringt".

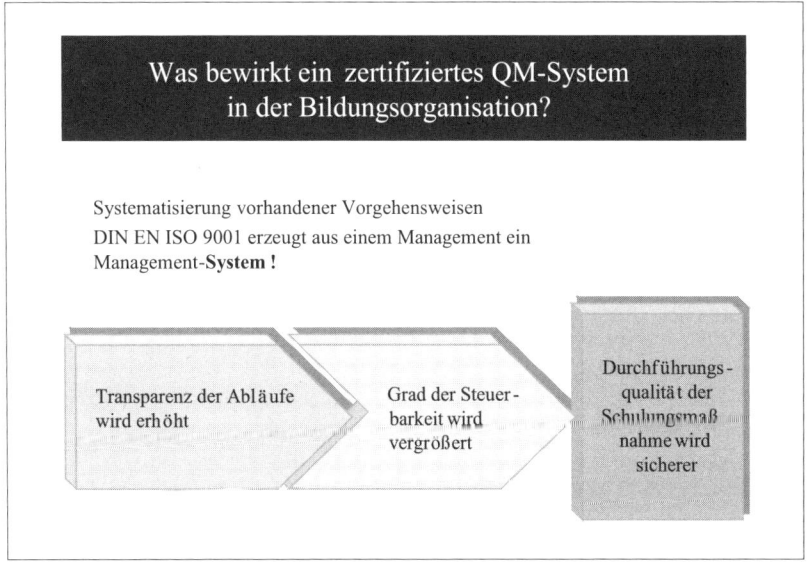

Die Frage, ob ein Qualitätsmanagementsystem kurzfristig erfolgswirksam ist, kann am besten beantwortet werden, wenn man die Kosten der Qualitätssicherung den Kosten gegenüberstellt, die bei fehlender oder mangelhafter Qualitätssicherung entstehen, zum Beispiel kostenaufwändige Nachschulungen oder Kostenerstattungen, aber auch unnötige interne Mehrfachbearbeitungen (Doppelarbeit), ineffiziente Prozesse, unklare Zuständigkeiten, hohe Fehlerquoten etc. verursachen letztlich vermeidbare betriebliche Kosten.

Kosten der „Nicht-Qualität" können auch nicht monetärer Natur sein, beispielsweise der Imageverlust einer Bildungseinrichtung.

Bei der Suche nach Fehlern geht es unter QM-Aspekten aber nicht um die Einzelfehler, die den Mitarbeitern immer unterlaufen können. Betrachtungsgegenstand ist vielmehr die Analyse systematischer Fehler, welche ihre Ursache eben in der Organisation, in den Prozessen und deren Schnittstellenregelung haben können.

Wenn man die Kosten in Zusammenhang mit den Qualitätsaktivitäten einer Bildungsorganisation betrachten will, muss man diese zunächst einmal differenzieren, grob etwa nach internen Kosten und nach externen Kosten, etwa für die Zertifizierung. Häufig verwischt man in den Darstellungen diese Differenzierung und es entstehen Irritationen bei den Entscheidungsträgern.

Die Kategorie der „internen Kosten"

Hierher gehören alle Kosten der Implementierung des Systems. Sie fallen meist „nur" kalkulatorisch an, wenn etwa (vorhandene) Mitarbeiter im Rahmen ihres Zeitbudgets Arbeiten im Rahmen der QM-Einführung übernehmen. Je weniger systematische Arbeit in der Bildungsorganisation bisher geleistet wurde, umso höher sind natürlich auch die internen Kosten der Implementierung.

Die Festlegung einer verbindlichen Qualitätspolitik für die Bildungsorganisation sowie

- die Ableitung messbarer Qualitätsziele für die einzelnen Bereiche,
- die Definition der Kern-, Führungs- und Unterstützungsprozesse,
- die Regelung von Prozesszuständigkeiten und Schnittstellen,
- die Festlegung von Qualitätsstandards für eine kunden- bzw. teilnehmerorientierte Aufgabenerfüllung,
- der Aufbau eines professionellen Ressourcenmanagements für den Betrieb der Organisation,
- die Schaffung von Strukturen des unterjährigen Monitorings der Qualitätsaktivitäten und die Überleitung der Ergebnisse in einen kontinuierlichen Verbesserungsprozess

sind unbestreitbar ein je nach Organisationsgröße nicht unerheblicher Aufwand in Zeit und damit zumindest kalkulatorisch in Geld. Wenn nun eine Bildungsorganisation seit Jahren ohne jede systematische Qualitätsstruktur arbeitet und daher nun die internen Kosten der Implementierung eines Qualitätsmanagementsystems entsprechend hoch sind, kann die Konsequenz heute nicht sein, dass man keine Qualitätsaktivitäten entwickelt, um diese Kosten nicht entstehen zu lassen. Die o.g. Schritte sind notwendig, wirkungsvoll und heute zum allgemeinen Standard der Organisationssteuerung gehörend.

Die Kategorie der „externen Kosten"

Hierher gehören alle Kosten, die tatsächlich verauslagt werden müssen. Zum Beispiel:

- externe Schulungskosten für Mitarbeiter, die zu einer Qualitätsmanagementschulung entsandt werden
- ggf. die Inanspruchnahme eines externen QM-Beraters
- die Kosten für das externe Zertifizierungsverfahren

2.4 Nicht ausschließlich monetär bewertbarer Nutzen für die Bildungsorganisation

Das Qualitätsmanagement als Teilbereich des funktionalen Managements lässt sich nicht nur ausschließlich monetär bewerten. Ziel ist ja vielmehr Qualitätserhalt und -verbesserung von Bildungsdienstleistungen, die Optimierung der Arbeitsabläufe in der Bildungsorganisation oder der Geschäftsprozesse unter der Berücksichtigung materieller und zeitlicher Kontingente sowie deren Weiterentwicklung.

Von besonderer Bedeutung sind ferner:
*   die professionelle Dokumentation des Unternehmens,
*   die Optimierung von Kommunikationsstrukturen, auch und gerade, wenn die Bildungsarbeit an vielen unterschiedlichen Bildungsstandorten erbracht werden muss,
*   die Standardisierungen bestimmter Arbeitsprozesse (z. B. Anmeldeverfahren, Abrechnung, Teilnehmerzertifikatserstellung),
*   die Erhaltung oder Steigerung der Zufriedenheit von Kunden bzw. Teilnehmern,
*   die Motivation interner und externer Mitarbeiter (Honorardozenten),
*   die Weiterbildung der Mitarbeiter (Professionalität der Bildungsorganisation).

Darüber hinaus gibt es weitere Argumente, die für die Einführung eines Qualitätsmanagementsystems nach DIN EN ISO 9001 sprechen:

Prozesse optimieren

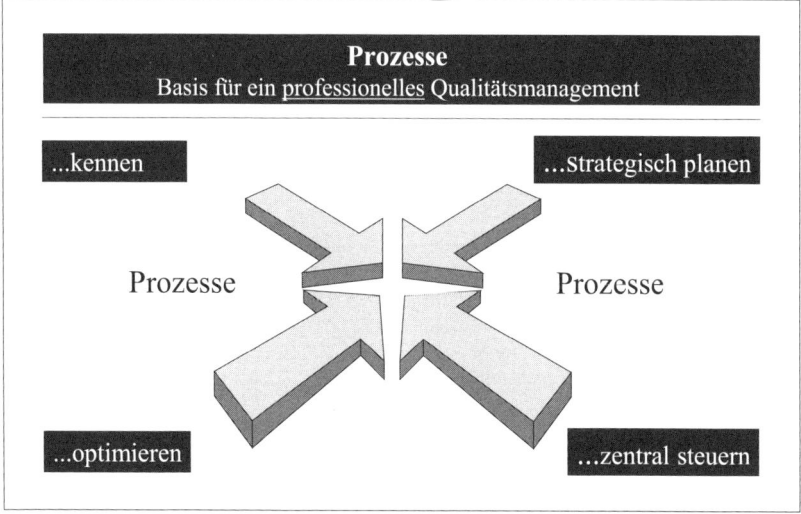

Der Kostendruck für viele Bildungsorganisationen steigt ständig. Die Einführung eines Qualitätsmanagements ist Anlass und Auftrag zugleich, die Abläufe zu optimieren. Der prozessorientierte Ansatz gerade der DIN EN ISO 9001 ist daher ein optimaler Rahmen, um dieser Aufgabe gerecht zu werden, die Organisation professionell aufzustellen und damit auch die Arbeitsplätze der Mitarbeiter sicherer zu machen.

Wettbewerbsvorteile initiieren
Häufig wird Qualitätsmanagement und die Zertifizierung nach DIN EN ISO 9001 als Werbeargument gesehen. Die zertifizierte Bildungsorganisation ist eben nicht nur in der Lage Qualität zu behaupten, sondern kann diese auch „belegen". Sie leistet mehr in Sachen Qualiätssicherung als andere Anbieter. Hierin liegt für viele Bildungsorganisationen ein akquisitorischer Nutzen.

Qualität managen – Qualität kontinuierlich verbessern
Unabhängig von den Effekten, die die Zertifizierung für den Wettbewerb hat, besitzt ein systematisches Qualitätsmanagement positive Auswirkungen auf die Qualität der angebotenen Dienstleistungen. Qualitätsschwankungen werden vermindert. Der kontinuierliche Verbesserungsprozess hebt das Qualitätsbewusstsein und das Qualitätsniveau der Organisation insgesamt an.

In den folgenden Kapiteln werden deshalb die Anforderungen der Normenfamilie DIN EN ISO 9000 ff. erläutert und Handreichungen für die Gestaltung eines Qualitätsmanagementsystems gegeben.

3. Qualitätsmanagement und die internationale Normenfamilie ISO 9000 ff.

3. Qualitätsmanagement und die internationale Normenfamilie ISO 9000 ff.

3.1 Geschichte der Normenreihe ISO 9000 ff.

1985 hat der Rat der Europäischen Gemeinschaft die EG-Kommision beauftragt, ein globales Konzept u.a. für Zertifizierungen zu erarbeiten.

Die Normen der Reihe ISO 9000 ff. sind erstmals <u>1987</u> von der International Organization for Standardization (ISO), Genf, veröffentlicht worden. Normen für Qualitätsmanagementsysteme sind bereits früher in verschiedenen Ländern und für unterschiedliche Branchen entwickelt worden. Großbritannien, das weitreichende Erfahrungen mit seiner eigenen Qualitätssicherungsnorm BS 5750 gemacht hatte, hat diese in der internationalen und europäischen Normdiskussion weitgehend durchsetzen können. Nach der internationalen Abstimmung erfolgte 1987 die Herausgabe der internationalen Normenreihe ISO 9000 ff.

Diese internationalen Qualitätssicherungsnormen wurden von der europäischen Normungsinstitution CEN/CENELEC in europäische Normen (EN 29000 ff.) überführt und sind damit Bestandteil der nationalen Normen der EU-Mitgliedstaaten.

Im Jahre 1994 wurde von den Normungsinstitutionen eine überarbeitete Fassung der Normenreihe herausgegeben, die die Erfahrungen aus den ersten Jahren berücksichtigte und Verbesserungen und teilweise auch Vereinfachungen enthielt.

Im Dezember 2000 wurde die Normenreihe ISO 9000 ff. schließlich einer umfassenden Revision unterzogen. Durch eine bessere Kongruenz untereinander wurde die Anzahl der bislang geltenden Einzelnormen drastisch reduziert und damit die Orientierung wesentlich erleichtert.

Drei Kernnormen des Qualitätsmanagements

Es gibt drei Kernnormen, nämlich eine für
- die Grundlagen des Qualitätsmanagements und die Definition der Begriffe (ISO 900<u>0</u>),
- die Anforderungen an Qualitäsmanagementsysteme, die als Basis für die Zertifizierung dient (ISO 900<u>1</u>),
- einen Leitfaden zur Leistungsverbesserung (ISO 900<u>4</u>).

Die internationale und nationale Umsetzung von (Qualitäts-)Normen

Internationale Normen werden in englischer Sprache verfasst. Die nationalen Mitgliedsorganisationen der ISO sind für Übersetzungen verantwortlich.

Regionale Normungsorganisationen wie das Europäische Komitee für Normung können Internationale Normen in ihr Normenwerk übernehmen. Europäische Normen, darunter die EN ISO 9001, werden in Deutsch, Englisch und Französisch in Kraft gesetzt; jede Fassung gilt gleichberechtigt.

Nationale Normungsorganisationen können internationale Normen in ihr nationales Normenwerk übernehmen, so die deutsche DIN EN ISO 9001:2000, die österreichische ÖNORM EN ISO 9001:2000 oder die schweizerische SN EN ISO 9001:2000.

3.2   Inhalte der Normenfamilie DIN EN ISO 9000 ff.

Mit der Normenreihe DIN EN ISO 9000 ff. sind Normen geschaffen worden, welche die <u>Grundsätze</u> für Maßnahmen zum Qualitätsmanagement dokumentieren. Qualitäts*management*systeme sind nicht produktorientiert und können daher unabhängig von der Branche und den spezifischen Produkten einen ähnlichen Aufbau festlegen. Daher ist die Anwendbarkeit auch für den Bildungsbereich gegeben.

Die professionelle Führung einer Bildungsorganisation erfordert, dass sie in systematischer und klarer Weise geleitet und gelenkt wird. Ein Weg zum Erfolg kann die Einführung und Aufrechterhaltung eines Managementsystems sein, das auf ständige Leistungsverbesserung ausgerichtet ist und die Erfordernisse aller interessierten Parteien berücksichtigt.

Die Normen DIN EN ISO 9000 ff. sind prozessorientiert aufgebaut.

Die DIN EN ISO 9000:2005 – Die „Begriffs- und Definitionsnorm"

Die ISO 9000 ist <u>keine</u> Zertifizierungsnorm. Ihr Zweck ist die Definition von Grundlagen und Begriffen zu Qualitätsmanagementsystemen.

In dieser „Basisnorm" werden die Grundlagen für Qualitätsmanagementsysteme und die in der Normenreihe EN ISO 9000 ff. verwendeten Begriffe erläutert. Hier wird auch der prozessorientierte Ansatz des Qualitätsmanagements dargelegt. Dieser prozessorientierte Ansatz der Norm basiert auf dem nach Edward Deming benannten Deming Cycle, in der betrieblichen Praxis auch PDCA-Kreis – Plan-Do-Check-Act – genannt. Die ISO 9000:2000 wurde im Jahr 2005 überarbeitet, um einheitliche Begriffsdefinitionen für die Normen ISO 9001:2000 und ISO 19011:2002 erweitert und als ISO 9000:2005 im Dezember 2005 veröffentlicht.

Die DIN EN ISO 9001:2000 – Die „Zertifizierungsnorm"

Dies ist die Nachweisnorm (Zertifizierungsnorm). Die DIN EN ISO 9001 beschreibt in ihren Kapiteln modellhaft das gesamte Qualitätsmanagementsystem. Sie legt die Anforderungen an ein Qualitätsmanagementsystem für die Bildungsorganisation fest. Die Organisation weist nach, dass sie über die Fähigkeit verfügt, Bildungsdienstleistungen bereitzustellen, welche die Anforderungen der Auftraggeber (Öffentliche Stellen, Unternehmen, Teilnehmer …) und ggf. die notwendigen behördlichen Anforderungen erfüllen und darüber hinaus eine kontinuierliche Verbesserung der Kundenzufriedenheit anstrebt.

Die Einführung eines Qualitätsmanagementsystems ist eine strategische Entscheidung der Leitungsebene. Die in der Norm formulierten acht Grundsätze sind dabei zu beachten:

Die acht Grundsätze eines erfolgreichen Qualitätsmanagements
1. Kundenorientierung
2. Führung
3. Einbeziehung der Mitarbeiter
4. Prozessorientierter Ansatz
5. Systemorientierter Managementansatz
6. Kontinuierliche Verbesserung
7. Sachbezogener Entscheidungsfindungsansatz
8. Lieferantenbeziehung zu gegenseitigem Nutzen

Wichtig ist: Die Norm gibt nur einen Rahmen für das Qualitätsmanagement vor. Die konkrete Ausgestaltung erfolgt durch die jeweilige Bildungsorganisation unter Berücksichtigung der jeweiligen Größe und Struktur, des Leistungsangebotes etc.

Der prozessorientierte Ansatz – Basis professioneller Arbeit

Der prozessorientierte Ansatz der Norm ergibt sich aus den sehr differenziert formulierten Hauptkapiteln der Norm und steckt damit den Rahmen der zu leistenden Arbeit ab.

Die fünf Hauptkapitel sind:
1. Qualitätsmanagementsystem (allgem. Anforderungen, dokumentierte Anforderungen, QM-Handbuch, Lenkung von Dokumenten, Lenkung von Aufzeichnungen)
2 Verantwortung der Leitung
3. Management von Ressourcen
4. Produktrealisierung
5. Messung, Analyse und Verbesserung

Die aktuell geltende Fassung der DIN EN ISO 9001 wurde nach 1987 und 1994 zuletzt im Jahr 2000 überarbeitet, daher 9001:2000. Die nächste Veröffentlichung ist für das Jahr 2008 geplant.

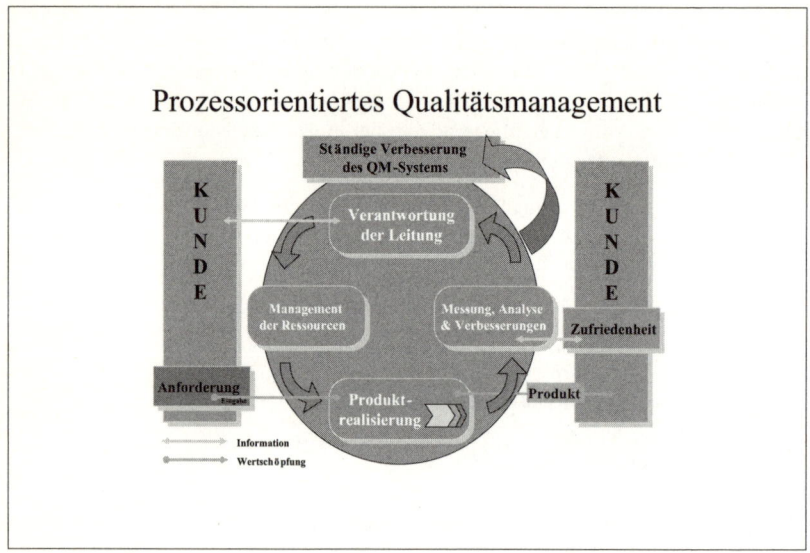

Die DIN EN ISO 9004:2000 – Der Leitfaden zur Leistungsverbesserung

Die ISO 9004 ist keine Zertifzierungsnorm. Sie stellt einen *Leitfaden* zur Leistungsverbesserung dar. Betrachtungsgegenstand ist sowohl die Wirksamkeit als auch die Effizienz des Qualitätsmanagementsystems. Das Ziel besteht einerseits in der Leistungsverbesserung der Organisation, andererseits in der Steigerung der Zufriedenheit von Kunden und ggf. weiteren interessierten Parteien (z. B. Gesellschafter der Organisation, interessierte Öffentlichkeit).

Die DIN EN ISO 19011 – Die Norm für das Audit und die Auditoren

Hier ist geregelt, wie Auditprogramme zu gestalten sind und welche Anforderungen an das Auditpersonal zu stellen sind.

3.3 Zentrale Grundbegriffe des Qualitätsmanagements nach ISO 9000

3.3.1 Qualität

Nach der Norm DIN EN ISO 9000:2005 ist *Qualität* der *Grad, in dem ein Satz inhärenter Merkmale Anforderungen erfüllt.*

Bezogen auf den Bildungsbereich bedeutet dies: *Qualität* gibt an, in welchem Maße eine Bildungsdienstleistung den bestehenden Anforderungen entspricht. *Inhärent* bedeutet im Gegensatz zu zugeordnet *einer Einheit innewohnend,* insbesondere als ständiges Merkmal.

Der Begriff „Qualität" wird häufig zusammen mit Adjektiven wie schlecht, gut oder ausgezeichnet verwendet werden.

Entscheidend für die Qualität einer Produktes oder einer Dienstleistung nach ISO 9000 ist nicht der Preis oder die Qualität der „Zutaten". Entscheidend ist, dass die auftraggeberseitig gestellten Anforderungen an das Produkt, an die Bildungsdienstleistung, erfüllt werden. Dabei müssen sowohl die objektiv messbaren Eigenschaften und Vorgaben des Produzenten „Bildungsorganisation" als auch die subjektiven Erwartungen der Auftraggeber / Kunden erfüllt werden.

Qualität ist somit die Übereinstimmung zwischen den festgestellten Eigenschaften und den vorher festgelegten Forderungen einer Betrachtungseinheit.

Der Begriff Qualität ist grundsätzlich für sämtliche Arten von Produkten und Dienstleistungen, also auch Bildungsdienstleistungen, anwendbar.

Im Rahmen von „Total-Quality"-Konzepten geht man sogar noch einen Schritt weiter. Während Qualität bisher als Eigenschaft von Produkten oder Dienstleistungen definiert wird, also die Kundenerfordernisse im Fokus stehen, erstreckt sich der Qualitätsbegriff im Rahmen von TQM-Ansätzen über die gesamte Organisation.

Neben die Kundenanforderungen treten jetzt noch die Anforderungen von Managemement, Mitarbeitern, Kapitalgebern und Öffentlichkeit. Gelingt es, auch diese zusätzlichen Anforderungen zu erfüllen, ist ein akzeptabler Grad von „Total Quality", der das gesamte Unternehmen erfasst, erreicht.

Zu den zentralen Prinzipien der TQM-Philosophie zählen:
- Qualität orientiert sich an der Kundenperspektive,
- Qualität ist kein Ziel, sondern ein kontinuierlicher Prozess,
- Qualität wird mit Mitarbeitern aller Bereiche und Ebenen erzielt,
- Qualität bezieht sich nicht nur auf Produkte, sondern auch auf Dienstleistungen,
- Qualität setzt aktives Handeln voraus.

3.3.2 Qualitätsmanagement

Das *Qualitätsmanagement* (QM) ist ein Teilbereich des funktionalen Managements. In der ISO 9000 wird Qualitätsmanagement so definiert:

„Aufeinander abgestimmte Tätigkeiten zum Leiten und Lenken einer Organisation bezüglich der Qualität."

Leiten und Lenken bezüglich der Qualität umfasst üblicherweise das Festlegen der Qualitätspolitik und der Qualitätsziele, die Qualitätsplanung, die Qualitätslenkung, die Qualitätssicherung und die Qualitätsverbesserung.

Führungskräfte einer Bildungsorganisation haben in diesem Sinne die Aufgabe, eine Qualitätspolitik und Qualitätsziele festzulegen und das Qualitätsmanagementsystem so zu gestalten, dass die gesetzten Ziele erreicht werden können. Zentrales Ziel ist immer die Erfüllung der Kundenanforderungen. Das Funktionieren des Qualitätsmanagementsystems wird durch die Führungskräfte gesteuert und überwacht.

Führungskräfte in Bildungsorganisationen müssen folgende Aufgabenbereiche verantworten:
- Qualitätsplanung: bezogen auf die Entwicklung und Durchführung von Bildungsdienstleistungen und auf das Funktionieren des Qualitätsmanagementsystems
- Qualitätslenkung: Überwachung der Prozesse in der Bildungsorganisation und Beseitigung von Schwachstellen
- Qualitätssicherung
- Kontinuierliche Qualitätsverbesserung

3.3.3 Qualitätsmanagementsystem

Das in der Bildungsorganisation jeweils angewandte *Qualitätsmanagementsystem* ist zentraler Bestandteil der Unternehmensführung. Es stellt sicher, dass die Qualität der Prozesse und Verfahren geprüft und verbessert wird. Ziel eines Qualitätsmanagementsystems in Bildungsorganisationen ist eine dauerhafte Verbesserung der Qualität von Planung, Entwicklung und Durchführung von Bildungsdienstleistungen.

Das angewandte Qualitätsmanagementsystem beschreibt die Methodik und liefert das Handwerkszeug, an dem und mit dem die Mitarbeiter der Bildungsorganisation ihre individuellen Verfahren zur Sicherung und Verbesserung der Qualität ausrichten.

3.3.4 Qualitätspolitik

Die Entwicklung einer für die Bildungseinrichtung angemessenen Qualitätspolitik ist eine zentrale Managementaufgabe. Das Management ist Motor des kontinuierlichen Verbesserungsprozesses der Organisation. Über die Qualitätspolitik wird das Bildungsunternehmen in die strategisch definierte Bahn (Vision, Mission) gelenkt. Gesteuert wird die Organisation dann über <u>messbare</u> Qualitätsziele, die über alle betrieblichen Hierarchieebenen heruntergebrochen (kaskadiert) werden.

Je nach Größe und Struktur der Bildungsorganisation ist dieses Kaskadieren der Qualitätsziele eine besondere Herausforderung. Man kann folgendermaßen vorgehen:

- Allen Mitarbeitern wird die Qualitätspolitik verständlich kommuniziert.
- Das Management ist in der Lage, für die Mitarbeiter nachvollziehbare, messbare Qualitätsziele aus der Qualitätspolitik abzuleiten.
- Die Qualitätsziele werden dann auf jeden Bereich, Abteilung, Niederlassung etc. heruntergebrochen.
- Auf der nächsten Ebene werden die Bereichsziele etc. auf die Mitarbeiter heruntergebrochen. Die Fragestellungen lauten: Welchen konkreten Beitrag muss jeder Mitarbeiter zur Zielerfüllung leisten? Wie sieht das unterjährige Monitoring der Zielerreichung aus?

Damit die Qualitätsziele auch erreicht werden können, sind ferner folgende Voraussetzungen wichtig:

- Den Mitarbeitern wurde die Bedeutung einer nachhaltigen Entwicklung der eigenen Bildungsorganisation und die Notwendigkeit der Verbesserung qualitätsfähiger Prozesse für den Fortbestand und die Sicherung der Arbeitsplätze verdeutlicht.
- Allen Mitarbeitern ist ihre exakte Aufgabe und Funktion im Unternehmen bekannt.
- Die Mitarbeiter kennen ihren konkreten Beitrag für die (qualitative) Gesamtleistung der Bildungsorganisation.
- Die Mitarbeiter sind aufgrund ihrer <u>Qualifikation</u> in der Lage, die Ziele umzusetzen.
- Aufgrund ihrer <u>Motivation</u> wollen die Mitarbeiter die Ziele auch umsetzen.

Drei Erfolgsfaktoren sind also wichtig:

Erstens kommt es für das Management nicht nur darauf an, eine „abstrakte" Qualitätspolitik im Sinne eines Leitbildes zu formulieren und sich dabei eher prospekthafter Formulierungen zu bedienen, wie z. B. „Wir sind für unsere Kunden da …". Sie ist vielmehr die Basis der strategischen Ausrichtung.

Zweitens sind Qualitätsziele zu entwickeln. Nicht irgendwie im luftleeren Raum, sondern diese sind ganz konkret aus der Qualitätspolitik abzuleiten. Zudem müssen Qualitätsziele messbar sein.

Drittens ist ganz wichtig, konkrete Verantwortung zuzuweisen. Welcher Bereich, welcher Mitarbeiter muss welchen konkreten Beitrag bis wann leisten.

3.3.5 Qualitätsplanung

Qualität entsteht in Bildungseinrichtungen nicht von selbst. Es gehört zur Leitungsverantwortung des Managements, die Qualität einer Bildungsorganisation *systematisch* zu planen. Die Qualitätsplanung ist ein umfassender und wichtiger Teilbereich des angewandten Qualitätsmanagements. Sie umfasst das Definieren der Qualitätspolitik, das Ableiten der Qualitätsziele, die Kaskadierung der Qualitätsziele und das Bereitstellen aller notwendigen Ressourcen, um die definierten Ziele letztlich auch erreichen zu können. Hier ist also eine kritische Rückkopplung angebracht, ob die angedachten Ziele mit den verfügbaren Ressourcen überhaupt in Einklang stehen.

3.3.6 Qualitätslenkung

Auch die Qualitätslenkung ist gemäß DIN EN ISO 9000:2005 (Nr. 3.2.10) definierter Teilbereich des Qualitätsmanagements. Ihr Fokus ist das Erfüllen der zuvor definierten Qualitätsanforderungen.

Wie erfüllt die Bildungsorganisation ihr Leistungsversprechen, ihre vom Auftraggeber erhaltenen Bildungsaufträge etc.? Welche Instrumente stellt die Bildungsorganisation bereit, um die Kundenaufträge erfüllen zu können?

Im Rahmen der Qualitätslenkung müssen also beispielsweise bestimmte Abläufe, Arbeitstechniken, Methoden etc. in der Bildungseinrichtung geklärt sein. Wie arbeiten wir? Wie wollen wir unsere Kundenaufträge konkret umsetzen? Welche Standards wollen wir erfüllen? Welche Prozesse definieren? Darüber hinaus gehören zur Qualitätsplanung auch die Systematik und das Monitoring angewandter Prozesse.

Zur Qualitätslenkung gehören auch die folgenden wichtigen Bereiche:

Die effiziente Dokumentenlenkung: Professionelle Qualitätsmanagementsysteme stellen hohe Anforderungen an die Definition und Verwaltung betriebsinterner Qualitätsdokumente. Zunehmend setzt sich eine papierlose Lenkung und Verteilung der Dokumente durch. Dies minimiert Zeitaufwand und Fehlerquellen.

Das systematische Reklamationsmanagement: Reklamationen sind selten angenehm im betrieblichen Alltag. Sie bieten den qualitätsverantwortlichen Mitarbeitern häufig aber viele Informationen, weshalb etwas wann, wo und warum nicht optimal gelaufen ist. Diese Informationen sind zu dokumentieren und systematisch auszuwerten. Aus QM-Sicht ist hier zu differenzieren in die Kategorien „Einzelfehler" und „Systematischer Fehler". Die Analyse dient einerseits der Beseitigung der Reklamation, andererseits aber der Optimierung der Organisation, der Prozesse, Zuständigkeiten etc., um vergleichbare Reklamationsfälle künftig systematisch auszuschließen.

3.3.7 Qualitätssicherung

Für die tägliche betriebliche Praxis in einer Bildungsorganisation wird es nun konkret. Die Qualitätssicherung ist der unternehmensinterne Prozess, der sicherstellt, dass eine Bildungsdienstleistung das mit dem Auftraggeber vereinbarte und kontrahierte Qualitätsniveau erreicht. Fragestellung: Was müssen wir tun, um das vereinbarte Qualitätsniveau zu erreichen bzw. die kontinuierliche Einhaltung, etwa im Verlauf eines langeren, mehrmonatigen Lehrgangs zu gewährleisten?

Hier ist zu prüfen, ob etwa mittels der Einführung von Qualitätskennzahlen oder anderer Indikatoren Informationen über den Stand des laufenden Qualitätsniveaus gewonnen werden können.

Beispiele für Elemente der Qualitätssicherung:
- Erstprüfung neuer Referenten: Mit der Erstprüfung, häufig in Form eines Probevortrags, erbringt der neue Referent den Nachweis, dass seine Lehrdienstleistung die geforderten Qualitätsanforderungen erfüllt.
- Hospitation: Regelmäßig durchgeführte Hospitationen unterstützen die Reflektion des Lehrprozesses auf Seiten der Referenten und bieten die Möglichkcit, frühzeitig auf ggf. entstehende Problemlagen zu reagieren.
- Teilnehmerbewertung: Die aus der Kundenbefragung gewonnenen Informationen dienen zur Bewertung zahlreicher Parameter: Empfundene Lehrqualität, Administration, Zufriedenheit mit Räumen, Schulungsausstattung, Zeitvorgaben etc.

- Lernfortschrittsprüfung: Prüfungen im „Produktionsprozess" des Lernens. Die Überwachung des Lernfortschritts mit unterschiedlichen und jeweils angemessenen Testverfahren ist ein zentrales Instrument der Qualitätssicherung.
- Prüfmittelverwaltung: Welche Prüfmittel setzt die Organisation insgesamt ein? Fähige Prüfmittel sind Voraussetzung für eine objektive Bewertung gewonnener Messergebnisse. Prüfmittelüberwachung ist zur Sicherstellung der Verfügbarkeit der erforderlichen Prüf- und Messmittel erforderlich. Was sind Prüfmittel? Beispielsweise: Checklisten, Teilnehmerfragebögen, Klassenbücher, Tests etc.
- Dokumentation: Die Ergebnisse aller Prüfungen sind zu dokumentieren und ggf. entsprechend gesetzlicher Fristen aufzubewahren.

Die in der Bildungsorganisation angewandten Prüfungen und Verfahren sind in der Qualitätsmanagementdokumentation enthalten.

3.3.8 Qualitätsverbesserung

Qualität ist nicht nur zu halten, sondern kontinuierlich zu verbessern. Ein professionelles Qualitätsmanagement verpflichtet die Bildungsorganisation zur Festlegung von Maßnahmen zur Erhöhung der Effektivität und Effizienz von Tätigkeiten und Prozessen, um zusätzlichen Nutzen sowohl für die eigene Organisation als auch für die Kunden zu erzielen.

In der betrieblichen Praxis dienen interne und externe Audits, erkannte Korrekturpotenziale, die Auswertung erhobener Qualitätskennzahlen oder andere adäquate Indikatoren der Qualitätsverbesserung.

Häufig ist es eine Kombination unterschiedlichster Möglichkeiten, die es kleinen wie großen Bildungsorganisationen erlauben, ihre Qualitätsverbesserungsaktivitäten zu gestalten. Beispiele hierfür sind die Einrichtung von Qualitätszirkeln oder eines betrieblichen Vorschlagswesens.

Der Unterschied von Effektivität und Effizienz im Qualitätsmanagement:
- Mit *Effektivität* bezeichnet man die Wirksamkeit einer Maßnahme oder eines Prozesses. Effektivität ist ein Messfaktor.
- Mit *Effizienz* beschreibt man das Verhältnis zwischen dem erreichten Ergebnis und den eingesetzten Ressourcen.

Effizienz bewertet die Angemessenheit der verfolgten Maßnahmen im Sinne einer Kosten / Nutzen-Relation („Machen wir die Dinge richtig?"). Effiziente Maßnahmen müssen nicht notwendigerweise auch effektiv sein!

4. Qualitätsmanagement nach ISO 9001 in der Weiterbildung

4. Qualitätsmanagement nach ISO 9001 in der Weiterbildung

4.1 Grundsätze des Qualitätsmanagements

Eine moderne Bildungseinrichtung gilt u. a. dann als erfolgreich aufgestellt, wenn sie über ein professionelles Qualitätsmanagementsystem verfügt. Dazu muss das Managementsystem auf kontinuierliche Leistungsverbesserung ausgerichtet sein. Die folgenden acht Grundsätze des Qualitätsmanagements nach ISO 9001 sind dabei wichtige Orientierungspunkte. Sie bilden die Basis für die weitere Anwendung der ISO 9000er-Familie.

Auf Bildungsorganisationen übertragen lauten diese Grundsätze wie folgt:

1) Kundenorientierung
Bildungsunternehmen hängen von ihren Kunden (Einzelauftraggeber / Teilnehmer, Firmenauftraggeber, institutionelle Auftraggeber) ab. Die Kunden und ihre Bedürfnisse sind daher Ausgangspunkt aller weiteren Überlegungen. Die Organisation muss prüfen, ob und wie sie in der Lage ist, die aktuellen und künftigen Erfordernisse der Kunden zu erkennen, sie in qualitativ hochwertige Bildungsdienstleistungen umzusetzen und diese dann auch auf dem vereinbarten Qualitätsniveau durchzuführen.

2) Führung
Das Management muss Arbeitsbedingungen schaffen, unter denen sich die Mitarbeiter professionell für das Erreichen der definierten Qualitätsziele ihrer Bildungsorganisation einsetzen können.

3) Einbeziehung der Mitarbeiter
Die Mitarbeiter stehen für die Leistungserbringung gegenüber den Kunden. Das Einbeziehen der Mitarbeiter ermöglicht es, ihre jeweiligen Fähigkeiten zum Nutzen der Organisation einzusetzen.

4) Prozessorientierter Ansatz
Professionelle Arbeit entsteht letztlich nur auf der Basis professioneller Strukturen und Prozesse. Eine moderne Bildungsorganisation muss ihre Kernprozesse klar herausarbeiten und definieren. Die Festlegung von Führungs- und Kommunikationsprozessen sowie der Unterstützungsprozesse bietet weitere Klarheit über die Wirkungsweise der Organisation.

5) Systemorientierter Managementansatz

Das Erkennen, Verstehen, die Leitung und das Lenken von miteinander in Wechselbeziehung stehenden Prozessen als System tragen zur Wirksamkeit und Effizienz einer Bildungsorganisation in Bezug auf die Zielerreichung bei.

6) Ständige Verbesserung

Die kontinuierliche Verbesserung ihrer Leistungen ist als ständiges Ziel einer Bildungsorganisation zu definieren.

7) Sachbezogener Ansatz zur Entscheidungsfindung

Wirksame Entscheidungen einer Bildungsorganisation beruhen auf der Analyse von Zahlen, Daten und Fakten und nicht auf Spekulationen oder Vermutungen. Die dafür notwendige Grundlage ist von der Bildungsorganisation zu schaffen.

8) Lieferantenbeziehung zum gegenseitigen Nutzen

Die Bildungsorganisation erkennt, dass sie ggf. wesentlich auch von ihren Lieferanten abhängig ist. Beispiel: Externe Referenten, die auftragsbezogen eingekauft werden, Tagungshotels etc. Diese Lieferantenbeziehungen sind zum gegenseitigen Nutzen zu definieren, zu überwachen und zu verbessern.

4.2 Struktur des Qualitätsmanagementsystems

Qualitätsmanagement hat das Ziel, die Qualität der Bildungsangebote systematisch zu erzeugen. Zu diesem Zweck wird das Qualitätsmanagementsystem als System vernetzter Regelkreise gestaltet. Das Medium dieser Regelkreise sind in Qualitätsmanagementsystemen, die nach ISO 9001 aufgebaut sind, Dokumente oder Qualitätsaufzeichnungen.

Die zentrale Zielsetzung dieses Systems ist in der *Qualitätspolitik* und den daraus abgeleiteten messbaren *Qualitätszielen* niedergelegt. Die *Verfahrensanweisungen* beschreiben u.a., auf welche Weise die Ziele der Qualitätspolitik erreicht werden sollen. Basis der täglichen betrieblichen Arbeit sind die Vorgaben und Orientierungen der Verfahrensanweisungen. Die Ergebnisse betrieblicher Aktivitäten werden durch *Qualitätsaufzeichnungen* nachgewiesen.

Ein professionelles Qualitätsmanagement beinhaltet immer auch ein unterjähriges *Monitoring* der geleisteten Arbeit und der Zielerfüllung. Die bloße Durchführung von „Endprüfungen", z.B. lediglich durch die Austeilung von Teilnehmerbewertungsbögen am Ende einer mehrwöchigen Fortbildung, reicht keinesfalls aus. Der Monitoringprozess muss bereits in der Konzeptionsphase beginnen, sich in der Durchführungsphase einer Lehrveranstaltung fortsetzen und endet dann erst mit einem abschließenden Monitoring. Zudem unterliegen auch die Prozesse einem systematischen Monitoring. Dabei gelten die folgenden Prinzipien:

- Das ermittelte Ergebnis wird stets mit den Zielvorgaben der Ausführung durch **Prüfen** verglichen. Dies gilt für Bildungsdienstleistungen (z. B. Quote Teilnehmerzufriedenheit, Durchfallquoten bei Prüfungen etc.) ebenso wie für Prozesse (Bearbeitungszeiten, Beschwerdeaufkommen etc.). Nur was messbar ist, kann in der Veränderung systematisch beobachtet und laufend verbessert werden.
- Ob die Arbeit in der Bildungsorganisation „rund" läuft, ist durch eigene **interne Audits** zu prüfen. Diese müssen systematisch geplant, durchgeführt und ausgewertet werden.
- Ob das Qualitätsmanagementsystem insgesamt geeignet und ausreichend ist, die Ziele der Qualitätspolitik und die Anforderungen der Kunden zu erfüllen, wird im Rahmen des jährlichen Management-Reviews reflektiert. Ggf. muss das System „nachgeregelt" werden.

4.3 Interpretation der einzelnen Anforderungen an Qualitätsmanagementsysteme für die Weiterbildung

Die konkreten Anforderungen an Qualitätsmanagementsysteme sind in der Norm ISO 9001:2000 in den Abschnitten 4 bis 8 beschrieben.

Die ISO 9001:2000 ist prozessorientiert und somit inhaltlich logisch aufgebaut. Strukturiert sind die Anforderungen in vier Hauptkapiteln:
- Im 4. Abschnitt finden sich die allgemeinen Anforderungen an das **Qualitätsmanagementsystem** und dessen Dokumentation.
- Im 5. Abschnitt wird die **Verantwortung der Leitung** für das Qualitätsmanagement behandelt.
- Der 6. Abschnitt befasst sich mit dem **Management von Ressourcen,** die für die Realisierung der Bildungsdienstleistungen notwendig sind.
- Im 7. Abschnitt geht es um den Prozess der **Produktrealisierung (**bzw. Realisierung von Bildungsdienstleistungen) selbst.
- Der 8. Abschnitt der ISO 9001 formuliert schließlich Anforderungen zu Fragen der **Messung, Analyse und Verbesserung** in Bezug auf das Qualitätsmanagementsystem, die einzelnen Prozesse und die Bildungsdienstleistungen.

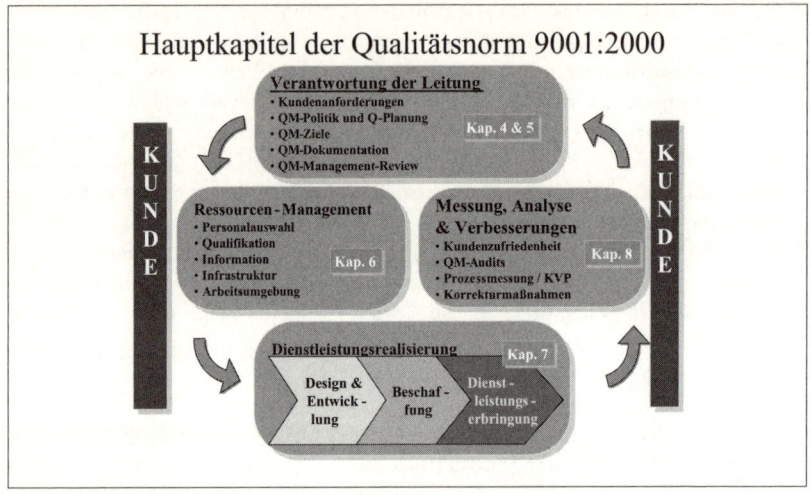

Im Folgenden werden die Anforderungen der ISO 9001 an Qualitätsmanagement-systeme für den Bildungsbereich erläutert. Die Interpretation der ISO 9001 folgt der Reihenfolge der Normabschnitte 4 bis 8. Sie finden die zugehörigen Normtexte leicht, wenn Sie die erste „4" der folgenden Unterkapitel einfach weglassen und dann im entsprechenden Abschnitt der ISO 9001 nachschauen. Das Unterkapitel „4.4 Qua-litätsmanagementsysteme" in diesem Buch entspricht also dem Abschnitt „4. Quali-tätsmananagementsyteme" im Originaltext der ISO 9001 usw.

Sie können parallel dazu auch in den Leitfaden zur Leistungsverbesserung (ISO 9004) schauen. Dort finden sie weitere Hinweise zur Gestaltung Ihres Qualitätsma-nagementsystems, die über die Anforderungen der ISO 9001 hinausgehen. Da ISO 9001 und ISO 9004 als „konsistentes Paar" konzipiert sind, sind die Einteilungen der Abschnitte und Unterabschnitte der beiden Normen identisch. Sie können also leicht zwischen den beiden Normen hin und her springen. Zudem sind in der ISO 9004 am Ende der Unterabschnitte die zugehörigen Passagen aus der ISO 9001 in Kurzform in einem Rahmen zitiert.

Zu beachten ist:
- Alleinige Zertifizierungsnorm ist <u>nur</u> die ISO 9001.
- Die ISO 9004 ist ein Leitfaden zur Leistungsverbesserung der Organisation. Er dient vor allem dazu, weitere Hinweise zur Verbesserung des Qualitätsma-nagementsystems zu geben und neben den Anforderungen der Kunden auch die anderer interessierter Kreise (wie Anteilseigner, Mitarbeiter, Lieferanten oder die Gesellschaft) zu berücksichtigen.

4.4 Qualitätsmanagementsystem

4.4.1 Allgemeine Anforderungen

Die ISO 9001 fordert, dass die Bildungsorganisation ein Qualitätsmanagementsystem aufbaut, dokumentiert und dessen Wirksamkeit ständig verbessert.

Dazu muss die Bildungsorganisation *alle qualitätsrelevanten Prozesse,* die für die Entwicklung, Planung und Durchführung des Bildungsangebotes notwendig sind, in ihrer Abfolge und Wechselwirkung festlegen. Hier einige Beispiele:

- Leitungstätigkeiten / Führungsverantwortung
- Entwicklung von Bildungsdienstleistungen
- Beschaffung von Referenten, Lernmitteln, Seminarräumen oder Tagungshäusern
- Durchführung von Bildungsdienstleistungen
- Qualitätsprüfungen in allen Phasen
- Alle für die Durchführung und Überwachung dieser Prozesse notwendigen Ressourcen und Informationen müssen ständig verfügbar sein.

Die hier noch recht allgemein beschriebenen Forderungen an das Qualitätsmanagementsystem werden in den weiteren Abschnitten der ISO 9001 konkreter ausgeführt.

4.4.2 Dokumentationsanforderungen

a) Allgemeines
Die Anforderungen an die Dokumentation zum Qualitätsmanagementsystem werden in diesem Unterabschnitt konkreter gefasst. Die Dokumentation umfasst die Qualitätspolitik und die Qualitätsziele der Bildungsorganisation, das Vorhandensein einer Qualitätsmanagementdokumentation (Handbuch), von der ISO 9001 geforderte Verfahren sowie weitere spezielle Dokumente und Aufzeichnungen.

b) Qualitätsmanagementdokumentation
Die Qualitätsmanagementdokumentation, gleich ob in elektronischer (online) Form oder in Form des klassischen papierbasierten Handbuchs, ist notwendiger Bestandteil eines QM-Systems. Sie muss alle Forderungen der Norm behandeln. Zugelassene Ausschlüsse von den Forderungen der ISO 9001 (z. B. keine eigene Lehrgangsentwicklung, sondern nur Umsetzung fertiger Konzepte) müssen im Einzelnen aufgeführt und nachvollziehbar begründet werden.

Die Qualitätsmanagementdokumentation muss auch die Verfahrensanweisungen enthalten bzw. eindeutig auf sie verweisen, nach denen das Qualitätsmanagementsystem der Bildungsorganisation funktioniert.

Der Detaillierungsgrad der Verfahrensanweisungen ist flexibel zu betrachten. Er muss der Organisation bzw. dem angedachten Zweck angemessen sein. Die Befürchtung, auf dem Umwege über das Qualitätsmanagementsystem eine „zementierte" Ablauforganisation zu erhalten, ist deshalb unbegründet.

Wie detailliert Abläufe geregelt werden müssen, hängt von der Größe der Organisation, der Art ihrer Tätigkeit sowie der Komplexität und der Wechselwirkung der Prozesse ab. Qualitätsmanagement nach ISO 9001 lässt somit auch Raum für mitarbeiterorientierte Führungsstile, da die Arbeit weitgehend über die in der Qualitätspolitik formulierten Zielvorgaben gesteuert werden kann.

Die Qualitätsmanagementdokumentation muss darüber hinaus eine Übersicht über ihre Struktur enthalten, um zu gewährleisten, dass alle Abläufe und Dokumente etc. identifiziert werden können.

Die Qualitätsmanagementdokumentation ist also das eigentliche „Kernstück" des Nachweises, dass die Bildungsorganisation tatsächlich über ein Qualitätsmanagementsystem verfügt, welches den Anforderungen der ISO 9001 entspricht. Nähere Informationen zum Aufbau der Qualitätsmanagementdokumentation und der Verfahrensanweisungen finden Sie im Kapitel 5 dieses Leitfadens.

c) Lenkung von Dokumenten

Dokumente, die in Zusammenhang mit dem Qualitätsmanagementsystem stehen, müssen nach definierten Regeln behandelt werden. Das Ziel dieser Regeln ist es, sicherzustellen, dass der betriebliche Ablauf in der Bildungsorganisation auf der Basis aktueller Vorgaben, Unterlagen, Formulare etc. erfolgt. Auf diese Weise können Fehler vermieden werden, die auf fehlende oder veraltete Unterlagen zurückzuführen sind.

Das Qualitätsmanagement nach ISO 9001 baut entscheidend auf der Dokumentation von Regeln und Verfahren auf. Deshalb wird besonderer Wert darauf gelegt, diese Dokumentation wirksam einzusetzen; sie muss daher bei der Ausführung der Arbeit verlässlich und aktuell zur Verfügung stehen.

Ziel muss immer sein, eine „schlanke" QM-Dokumentation zu schaffen. Es ist deshalb kritisch zu prüfen, welche Dokumente und Vorgaben einheitlich und verbindlich über das QM erfolgen sollen. Bei der Erstellung von Dokumenten hat es sich in der betrieblichen Praxis als sinnvoll erwiesen, eine dreistufige Prüfung zu wählen. „Erstellt, geprüft, freigegeben" – sind die drei Bearbeitungsstufen. Um maximale Akzeptanz zu erreichen, soll die Freigabe durch das Management erfolgen.

Wichtig ist, dass erkennbar ist, wer für ein Dokument verantwortlich ist und ob es dem aktuellen Stand entspricht. Um die jederzeitige Aktualität von Dokumenten, Checklisten etc. zu gewährleisten, muss die Verfahrensanweisung für die Lenkung der Dokumente auch eine Regelung für die Änderung dieser Dokumente enthalten.

d) *Lenkung von Aufzeichnungen*

Aufzeichnungen sind ein besonderer Typ von Dokumenten. Sie weisen eine <u>ausge-</u><u>führte</u> Tätigkeit oder deren Ergebnisse nach und können sich auf den gesamten Prozess der Leistungserstellung in einer Bildungsorganisation beziehen.

Zweckmäßig ist ein zentrales Verzeichnis über die Typen von Aufzeichnungen, die in der Organisation vorkommen und die Standorte, wo diese zu finden sind. In den einzelnen Verfahrensanweisungen, die z. B. die Auswertung von Teilnehmerbewertungsbögen regeln, wird dann aufgenommen, wer diese Bögen auszugeben hat, wer sie auswertet, welche Werte oder Ergebnisse ggf. an welche Stelle zu melden sind, in welchem Umfang dokumentiert und archiviert wird etc.

In einer Bildungsorganisation gehören zu diesen Aufzeichnungen beispielsweise:
- Berichte von internen Audits
- Berichte von Evaluierungen bei der Entwicklung neuer Seminartypen
- Protokolle von Management-Reviews
- Berichte von Prüfungen über die Qualifikationen von Referenten
- Protokolle über die Ausstattung von Seminarräumen
- Ausgefüllte Teilnehmerbewertungsbögen

4.5 Verantwortung der Leitung

4.5.1 Verpflichtung der Leitung

Überblick: Qualitätsmanagement ist Führungsaufgabe. QM kann nur erfolgreich sein, wenn es von der Leitungsebene der Bildungsorganisation getragen wird. Die Leitung der Bildungsorganisation muss deshalb dafür sorgen, dass die Mitarbeiter die zentralen Aspekte eines modernen ISO 9001-basierenden Qualitätsmanagements erkennen und umsetzen können. Sie muss weiterhin die Qualitätspolitik der Bildungsorganisation festlegen, messbare Qualitätsziele daraus ableiten, kaskadieren (auf die einzelnen Bereiche der Organisation herunterbrechen), diese an die Mitarbeiter kommunizieren und die notwendigen Ressourcen zur Verfügung stellen. Eine regelmäßige Bewertung des Qualitätsmanagementsystems (Management-Review) ist durchzuführen.

4.5.2 Kundenorientierung

Die Kundenorientierung hat in der Normenreihe einen zentralen Stellenwert. Die Leitung der Bildungsorganisation muss daher sicherstellen, dass die Anforderungen der Auftraggeber (Unternehmen, Institutionen, Einzelteilnehmer) systematisch ermittelt und erfüllt werden. Hier stellen sich folgende Leitfragen: Mit welchen Instrumenten? Mit welchen Zuständigkeiten und Verantwortlichkeiten? Wie werden die

Kundenanforderungen in vertragsgemäße Bildungsdienstleistungen umgesetzt? Was wird ggf. wie und von wem dokumentiert oder freigegeben?

4.5.3 Qualitätspolitik

Die Entwicklung einer für die Bildungsorganisation angemessenen Qualitätspolitik ist eine zentrale Managementaufgabe. Die Qualitätspolitik ist der inhaltliche Ausgangspunkt des Qualitätsmanagements, deshalb sollte man hierzu bereits frühzeitig eine Vorstellung entwickeln.

Die Qualitätspolitik enthält Aussagen darüber, dass sich die Bildungsorganisation zur systematischen Erfüllung der Kundenanforderungen sowie zur ständigen Verbesserung der Wirksamkeit des Qualitätsmanagementsystems verpflichtet.

Darüber hinaus erläutert sie, wie über die Kundenanforderungen hinaus Qualitätsziele festgelegt und bewertet werden. Da die Qualität des Bildungsangebotes von der Qualität der Arbeit aller Mitarbeiter abhängt, muss die Qualitätspolitik allen Mitarbeitern verständlich und bekannt gemacht werden.

Ferner gilt die Qualitätspolitik als „Aushängeschild", sie wird ggf. von den Kunden gelesen und gibt Aufschluss über das Selbstverständnis der Bildungsorganisation und über ihren Qualitätsanspruch. Es ist deshalb sinnvoll, die Inhalte und die Formulierung der Qualitätspolitik sorgfältig zu erarbeiten.

Von der Qualitätspolitik leiten sich die konkreten Qualitätsziele ab. Diese sollen messbar sein. Zu weiteren Ausführungen zur Qualitätspolitik und zu Qualitätszielen lesen Sie das Kapitel 3.3.4 dieses Buches.

4.5.4 Planung

a) Qualitätsziele
Die Leitung der Bildungsorganisation muss sicherstellen, dass für die zutreffenden Funktionsbereiche und Ebenen der Organisation messbare Qualitätsziele festgelegt werden. Diese müssen im Einklang mit der Qualitätspolitik der Bildungsorganisation stehen.

Solche Qualitätsziele können beispielsweise sein:
- Verbesserung der Transferqualität angebotener Bildungsmaßnahmen
- Erreichen sehr guter Teilnehmerbeurteilungen
- Erhöhung der Bestehensquoten bei externen Prüfungen
- Reduzierung der Abbrecherquote angebotener Bildungsmaßnahmen
- Erhöhung der Vermittlungsquote in ein Arbeitsverhältnis (z.B. bei SGB-III-Maßnahmen)

b) Planung des Qualitätsmanagementsystems

Die Leitung muss dafür sorgen, dass bei der Planung des Qualitätsmanagementsystems die entsprechenden Anforderungen der ISO 9001 erfüllt und die festgelegten Qualitätsziele erreicht werden. Wird das QM-System geändert, so muss sie darauf achten, dass dessen Funktionsfähigkeit erhalten bleibt.

4.5.5 Verantwortung, Befugnis und Kommunikation

a) Verantwortung und Befugnis

Für alle Mitarbeiter und Tätigkeiten, die die Qualität der Bildungsdienstleistungen beeinflussen, müssen Aufgaben, Verantwortung und Beziehungen zueinander festgelegt und dokumentiert werden. Üblicherweise wird der Qualitätsmanagementdokumentation ein Organigramm beigefügt, das Auskunft darüber gibt, wer für welche Arbeitsbereiche verantwortlich ist.

b) Beauftragter der obersten Leitung

Die Verantwortung für die Implementierung und das Funktionieren des Qualitätsmanagementsystems muss einem Qualitätsmanagement-Beauftragten (QMB) übertragen werden. Die Aufgaben und Befugnisse müssen festgelegt werden. Als Nachweis für die Benennung und die Übertragung der Verantwortung dient in der Praxis ein „Ernennungsschreiben" der Geschäftsführung, welches u.a. auch die genaue Aufgaben- und Kompetenzzuweisung enthält. Der QMB sollte der Leitungsebene der Bildungsorganisation angehören. Damit soll sichergestellt werden, dass er innerhalb der Organisation über die notwendige Akzeptanz und Durchsetzungsfähigkeit verfügt.

Eine vorgeschriebene formale Qualifikation für den QMB ist von der ISO 9001 nicht gefordert. Die Geschäftsführung muss jedoch nachweisen können, dass der QMB für diese Aufgabe über die notwendige Qualifikation verfügt. In der Norm DIN ISO 19011 sind Qualifikationen für Auditoren beschrieben, die Sie als Grundlage zur Formulierung eigener Qualifikationsanforderungen verwenden oder auf die Sie direkt verweisen können.

In der Bilddungsbranche verfügen viele QM-Beauftragte über eine *CERTQUA-Qualifikation*. Diese wird in drei aufeinander aufbauenden Modulen vermittelt:

*   Qualitätsmanagementbeauftragter / Bildungsmanagement
*   Qualitäts-Manager / Bildungsmanagement
*   Fachauditor / Bildungsmanagement

Neben solider Fachkenntnis im Qualitätsmanagement sind Akzeptanz, Durchsetzungsvermögen und Kommunikationsstärke wichtige Faktoren für die erfolgreiche Implementierung eines Qualitätsmanagementsystems.

c) Interne Kommunikation

Wichtig, um die Wirksamkeit des Qualitätsmanagementsystems festzustellen und zu verbessern, ist eine offene interne Kommunikation. Die Leitung der Bildungsorganisation muss daher für die Einführung geeigneter Kommunikationsprozesse, beispielsweise durch regelmäßige Teamsitzungen oder durch Regelung des internen Informationsflusses sorgen. Die Systematik der internen Kommunikation, gerade bei Bildungsorganisationen mit einem Netz dezentraler Standorte, sollte in internen wie externen Audits immer hinterfragt werden.

4.5.6 Managementbewertung

a) Allgemeines

Als weitere Aufgabe der Unternehmensleitung nennt die ISO 9001 die (jährliche) Managementbewertung. Die regelmäßige Bewertung des Qualitätsmanagementsystems ist ein Teil des umfassenden Qualitätsregelkreises. Sie dient dazu, die Eignung, Angemessenheit und Wirksamkeit des gesamten Qualitätsmanagementsystem, sicherzustellen. Die Managementbewertung enthält Aussagen darüber, welche Verbesserungen in Bezug auf das Qualitätsmanagementsystem, die Qualitätspolitik und die Qualitätsziele möglich oder notwendig sind.

b) Eingaben für die Bewertung

In die Managementbewertung fließen Informationen über die Ergebnisse von Audits, Rückmeldungen von Teilnehmern und Auftraggebern, die Qualität des Bildungsangebotes und der Arbeitsprozesse, Korrektur- und Vorbeugemaßnahmen zur Ausbesserung bzw. Vermeidung von Fehlern sowie Maßnahmen aus vergangenen Managementbewertungen ein.

c) Ergebnisse der Bewertung

Die Ergebnisse der Managementbewertung enthalten Entscheidungen und Maßnahmen zur Verbesserung des Qualitätsmanagementsystems, des Bildungsangebotes und zum Bedarf an Ressourcen.

4.6 Management von Ressourcen

Überblick: Ressourcen sind „Kostentreiber". Die professionelle Steuerung des Ressourceneinsatzes ist daher von entscheidender Bedeutung für das Abschneiden des Bildungsanbieters im Wettbewerb. Über die Ressourcen steuert und beeinflusst das Management aber auch die Position der Bildungsorganisation im Markt, indem es versucht, die dort entscheidenden Erfolgsfaktoren und Kundenanforderungen zu erfüllen.

Welche *Ressourcen* stehen dem Bildungsträger nun zur Erfüllung der Kundenziele zur Verfügung, deren Einsatz und Qualität er variieren und optimieren kann? Hier einige Beispiele:

- Qualität der Lehrgangsentwickler (Innovation)
- Qualität des Beratungspersonals
- Qualität der Dozenten
- Qualität der Seminarorganisation
- Qualität der Lehrunterlagen
- Qualität der Schulungsräume
- Marketing & Vertrieb
- Qualität der Teilnehmerbetreuung

Bei der Planung eines Qualitätsmanagementsystems kommt es entscheidend darauf an, die angedachten Qualitätsstandards auch in die Messbarkeit der jeweiligen Prozesse einfließen zu lassen.

4.6.1 Bereitstellung von Ressourcen

Um ein Qualitätsmanagementsystem einzuführen und ständig zu verbessern sowie um die Anforderungen von Teilnehmern und Auftraggebern an das Bildungsangebot zu erfüllen, muss die Bildungsorganisation die dazu notwendigen Ressourcen (Personal, Räumlichkeiten, Ausstattung, Arbeitsumgebung) ermitteln und bereitstellen.

Eine wichtige Ressource für den Aufbau eines Qualitätsmanagementsystems ist die Bereitstellung zeitlicher Kapazitäten für die Funktion des Qualitätsmanagementbeauftragten. Im Einzelfalle sollte über eine zumindest teilweise Freistellung des Qualitätsbeauftragten nachgedacht werden, damit der Aufbau zügig vorankommt und nicht in der Alltagsarbeit versandet.

4.6.2 Personelle Ressourcen

a) Allgemeines
Die Qualität der Bildungsarbeit ist in besonderem Maße von der Qualität der Mitarbeiter, ihrer Ausbildung, ihren Qualifikationen und ihrer Erfahrung abhängig.

b) Fähigkeit, Bewusstsein und Schulung
Die Bildungsorganisation muss für alle Mitarbeiter, deren Arbeit Einfluss auf die Qualität des Bildungsangebotes hat, die notwendigen Fähigkeiten ermitteln, die dazu erforderlichen Schulungsmaßnahmen durchführen und deren Wirksamkeit überprüfen. Sie hat dafür zu sorgen, dass die Mitarbeiter wissen, wie wichtig ihre Tätigkeit für die Qualität ist und was sie zu Erreichung der Qualitätsziele beitragen können und

müssen. Über Ausbildung, Schulung, Qualifikationen und Erfahrung der Mitarbeiter müssen Aufzeichnungen geführt werden, z. B. Sollprofile, Stellenbeschreibungen, Schulungspläne für die Mitarbeiter, Schulungsnachweise oder Gesprächsprotokolle über die Wirksamkeit besuchter Schulungen.

4.6.3 Infrastruktur

Nicht unterschätzt werden darf der Einfluss, den die Infrastruktur auf den Erfolg der Weiterbildung und die Teilnehmerzufriedenheit hat. Geeignete Räumlichkeiten für die Seminardurchführung und die Verwaltung gehören ebenso dazu wie Versorgungseinrichtungen (Cafeteria, Bibliothek, Toiletten), Transport- und Kommunikationsmöglichkeiten sowie eine angemessene Büro- und Lernmittelausstattung.

4.6.4 Arbeitsumgebung

Die Bildungsorganisation hat für Verwaltung und Seminardurchführung für eine arbeits- und lerngerechte Umgebung mit entsprechender Bestuhlung und Möblierung, ausreichendem Tageslicht angemessener Raumtemperatur und Belüftungsmöglichkeiten zu sorgen. Bei Schulungsdurchführung in fremden Räumen (Tagungshotels etc.) ist sicherzustellen, dass die Standards vorhanden sind bzw. eingehalten werden. Die Entwicklung einer speziellen Checkliste wäre hier ggf. sinnvoll.

4.7 Produktrealisierung (Dienstleistungsrealisierung)

Überblick: Die Forderungen dieses Kapitels lauten: Die Organisation muss Verfahren festlegen, um Prozesse so zu steuern, dass das vom Kunden gewünschte und mit ihm kontrahierte Ziel erreicht wird. Die Prozesse müssen unter beherrschten Bedingungen ablaufen. Die Verfahren müssen u. a. auch die Maßnahmen zur Messung, Lenkung, Überwachung und Kontrolle sowie die Bereitstellung und Verfügbarkeit von Informationen und Daten sicherstellen.

4.7.1 Planung der Produktrealisierung

Die Erstellung neuer Seminare und Lehrgänge ist ein komplexer Prozess. Damit das Bildungsangebot später die Anforderungen von Teilnehmern und Auftraggebern sowie die gesetzlichen Auflagen erfüllt, muss dieser Prozess sorgfältig geplant werden. Dazu legt die Bildungsorganisation unter anderem fest:

- die Anforderungen an das einzelne Bildungsprodukt,
- die benötigten Ressourcen,
- die unterschiedlichen Prüftätigkeiten während der Entwicklung und Durchführung der Bildungsveranstaltung,
- die notwendigen Aufzeichnungen, um nachzuweisen, dass die Anforderungen an die Erstellungsprozesse und die Bildungsprodukte wirklich erfüllt sind.

4.7.2 Kundenbezogene Prozesse

Damit Bildungsorganisationen ihre Kunden zufrieden stellen können, müssen sie deren Anforderungen vollständig ermitteln und prüfen, ob sie in der Lage sind, diese auch zu erfüllen.

a) Ermittlung der Anforderungen in Bezug auf das Bildungsprodukt
Die Bildungsorganisation muss vor der Schließung eines Vertrages ermitteln:

- welche Anforderungen an die Leistungserbringung (Inhalte, Umfang, Zeit, Ort etc.) festgelegt wurden,
- welche vom Kunden nicht genannten Anforderungen die Bildungsleistung darüber hinaus erfüllen muss, um die festgelegten Ziele zu erreichen,
- welche zusätzlichen Anforderungen von Gesetzgebern und Behörden zu erfüllen sind und
- welche Anforderungen die Bildungsorganisation darüber hinaus selbst festgelegt hat (beispielsweise durch ihre Qualitätspolitik, ihre Qualitätsziele, ihre Mitgliedschaft in einer Gütegemeinschaft oder ihre Seminarprospekte).

Um all diese Anforderungen an das Bildungsangebot vollständig zu ermitteln, bietet sich die Erarbeitung einer Checkliste an. Damit lassen sich zugleich die genannten Nachweiszwecke erfüllen.

b) Bewertung der Anforderungen in Bezug auf das Bildungsprodukt
Vor Abgabe eines Angebotes bzw. vor Annahme eines Auftrages oder einer Vertragsänderung muss eine systematische Bewertung der enthaltenen Anforderungen erfolgen:

- Welche sind die festgelegten Anforderungen an die Bildungsveranstaltung?
- Sind alle Unterschiede zwischen den Anforderungen im Vertrag und eventuell früher formulierten Anforderungen beseitigt?
- Kann die Bildungsorganisation diese Anforderungen erfüllen?

Das Qualitätsmanagementsystem muss deshalb Verfahren enthalten, die Verträge, Angebote und Werbematerialien systematisch in Bezug auf die enthaltenen Anforderungen überprüfen. Die Ergebnisse dieser Prüfung und die daraus resultierenden Maßnahmen müssen von der Bildungsorganisation aufgezeichnet werden.

Bei offenen Seminaren, die z. B. in Halbjahres- oder Jahreskatalogen angeboten werden, beziehen sich die oben genannten Tätigkeiten auf das Angebot, so wie es im Werbematerial zugesagt werden soll. Bevor das Programm erstellt und verbreitet wird, muss der Bildungsträger durch Prüfung festgestellt haben, dass er die entsprechenden Bildungsleistungen mit ihren zugesagten Eigenschaften auch tatsächlich erbringen kann.

c) Kommunikation mit den Kunden

Zur Erfüllung der definierten Anforderungen an das Qualitätsmanagementsystem muss die Bildungsorganisation wirksame Regelungen zur Kommunikation mit den Kunden und Auftraggebern treffen und verwirklichen. Diese beziehen sich auf:

- die Information über das Bildungsangebot,
- die Bearbeitung von Anfragen, Aufträgen oder Verträgen,
- die Rückmeldungen von Kunden einschließlich Kundenbeschwerden.

4.7.3 Entwicklung

Bei den Aussagen der ISO 9001 zur Entwicklung von Bildungsangeboten handelt es sich im Wesentlichen um Anforderungen zum Projektmanagement, die sicherstellen sollen, dass die Produktqualität (d. h. die Anforderungen von Kunden, Behörden und Gesetzen sowie die eigenen Qualitätsanforderungen der Bildungsorganisation) bei der Entwicklung systematisch berücksichtigt werden.

Welche Tätigkeiten der „Entwicklungsprozess" in einer Bildungsorganisation umfasst, ist von den jeweiligen Bildungsangeboten abhängig. Bei einem Anbieter offener DV-Seminare könnten zum Beispiel folgende Aktivitäten in Verfahrensanweisungen geregelt werden, die für die Qualität der Angebote relevant sind:

- Systematische Marktbeobachtung und Auswertung der Anmeldezahlen, um die Anforderungen des Marktes an die Seminarinhalte festzustellen,
- Neu- und Weiterentwicklung von Seminaren durch angestellte oder freie Mitarbeiter und
- Überprüfung neu entwickelter Seminare, z. B. in Pilotseminaren.

Beispielsweise könnten diese Regeln festlegen, wie ein Projektteam zusammengesetzt sein muss, auf welche Weise das Projektergebnis durch Experten überprüft wird, ob Pilotmaßnahmen durchgeführt werden und wie diese ausgewertet werden sollen.

a) Entwicklungsplanung

Die Entwicklungstätigkeiten, die als relevant für die Qualität der Bildungsangebote identifiziert wurden, müssen geplant und systematisch durchgeführt werden. Man muss zudem nachweisen können, dass die Entwicklung durch qualifiziertes Personal durchgeführt wurde. Für die Entwicklungsplanung muss ein Verfahren entwickelt und dokumentiert werden, das sicherstellt, dass Vorgaben, die z. B. auf Grund der Marktbeobachtung gegeben werden, in der Entwicklung berücksichtigt werden.

Wenn Entwicklungsarbeiten beispielsweise durch freie Referenten durchgeführt werden, dann muss festgelegt werden, zu welchen „Meilensteinen" des Projektes das Entwicklungsergebnis überwacht werden soll.

b) Entwicklungseingaben

Bei der Entwicklung von Bildungsmaßnahmen ist es besonders wichtig, die Forderungen zu kennen und genau zu spezifizieren, die von den Teilnehmern, den entsendenden Unternehmen oder auch von einer dritten finanzierenden Stelle (z. B. Arbeitsagentur) an die Bildungsmaßnahme gestellt werden. Die Qualität der Maßnahme wird schließlich an der Erfüllung dieser Anforderungen gemessen. Vor der Entwicklung einer Bildungsmaßnahme muss klar sein, welche Anforderungen erfüllt werden müssen:

- vertraglich vereinbarte Eigenschaften,
- externe Prüfungsordnungen (z. B. IHK-Prüfungen),
- Qualitätsmaßstäbe des Auftraggebers,
- gesetzliche Bedingungen (z. B. Arbeitsschutz),
- in der Qualitätspolitik zugesagtes Qualitätsniveau.

Diese Vorgaben müssen so dokumentiert und verfügbar sein, dass die Mitarbeiter, die die Entwicklungsarbeiten ausführen, darauf zugreifen können.

c) Entwicklungsergebnisse

Wenn die Entwicklungsarbeiten abgeschlossen sind, muss das Ergebnis dokumentiert werden. Entwickelte Lehrunterlagen (Lernziele, Stundenpläne, Themenübersichten, Lehrmaterialien) müssen vor einem Einsatz formell freigegeben werden. Vor einer Freigabe muss überprüft werden, ob diejenigen Anforderungen erfüllt sind, die unter „Entwicklungseingaben" festgelegt wurden.

d) Entwicklungsbewertung

Neuentwicklungen und Modifikationen von Bildungsdienstleistungen müssen gegebenenfalls auch vor Abschluss der Arbeiten bewertet werden. Dies ist auch zu dokumentieren. Ziel der Prüfungen ist es herauszufinden, ob die Merkmale des Entwicklungsergebnisses in dieser Phase den vorgegebenen Anforderungen entsprechen.

Beispielsweise könnte überprüft werden, ob entwickelte Lehrmaterialien dem Standard der Bildungsorganisation entsprechen. Diese Prüfungen müssen nicht unbedingt alle vereinbarten Anforderungen und Merkmale umfassen, sondern können sich auch auf einige (kritische) Eigenschaften beschränken.

e) Entwicklungsverifzierung

Im Vergleich zur „Entwicklungsbewertung" geht die „Entwicklungsverifizierung" weiter. „Verifizieren" bedeutet, den Nachweis darüber zu führen, dass das Entwicklungsergebnis die vorgegebenen Anforderungen erfüllt. Die Verifizierung muss – je nach Umfang der Entwicklungsmaßnahme – auch während des Entwicklungszeitraumes phasenbezogen durchgeführt werden. Außer der einfachen Überprüfung von Merkmalen (z.B. durch Zählen, Messen, Besichtigen) können hier auch weitergehende Maßnahmen vorgenommen werden, wie z.B. Vergleiche mit anderen Entwicklungsvorhaben. Dass Entwicklungsergebnisse verifiziert wurden, muss nachweisbar dokumentiert werden.

f) Entwicklungsvalidierung

Im Anschluss an die „Verifizierung", die formal die Übereinstimmung mit den Anforderungen nachweist, muss eine Validierung der neu entwickelten oder modifizierten Bildungsmaßnahme durchgeführt werden. Validierung bezeichnet in der Normsprache den Nachweis, dass spezielle Anforderungen für eine vorgesehene Anwendung erfüllt sind. Validierung wird üblicherweise erst nach Abschluss des Entwicklungsprozesses durchgeführt.

Beispiel zur Validierung: Durchführung und Auswertung von Probeseminaren.

g) Lenkung von Entwicklungsänderungen

Es muss sichergestellt werden, dass beispielsweise bei Änderungen an Bildungskonzepten diese dokumentiert, überprüft und freigegeben werden.

4.7.4 Beschaffung

a) Beschaffungsprozesse

Um die geforderte Qualität der Bildungsangebote systematisch erzielen zu können, muss das Qualitätsmanagementsystem auch die Qualität der Leistungen einbeziehen, die nicht von der Organisation selbst erstellt werden, sondern bei anderen zugekauft werden.

Hierzu gehören beispielsweise:

- externe Referenten,
- Seminarkonzepte, die von externen Referenten entwickelt worden sind,
- Lehr- und Lernmittel,
- Tagungsstätten, Hotels,
- Demonstrationsobjekte,
- Verpflegung (Mittagessen, Pausenkaffee),
- Praktikumsfirmen und
- Busunternehmen (für Exkursionen).

Qualitätsmanagement erfordert vom Einkauf eine stärkere Ausrichtung auf die Qualität der eingesetzten Leistungen. Qualitätsmanagement setzt sich u.a. zum Ziel, eine vereinbarte Qualität sicher und vor allem mit geringster Fehlerquote zu „produzieren". Im Einkauf kann dies bedeuten, dass man darauf verzichtet, für eine bestimmte Leistung immer die günstigste Beschaffungsquelle zu nutzen, sondern lieber längerfristige Beziehungen mit qualitätsorientierten Lieferanten unterhält.

Ein wichtiges Mittel des Qualitätsmanagements im Einkauf ist die Forderung der Norm, einen Nachweis darüber zu führen, dass man Lieferanten unter Qualitätsgesichtspunkten auswählt. In Bildungsorganisationen können folgende Aufzeichnungen als Nachweis für die qualitätsbewusste Auswahl von Lieferanten dienen:

Für die Beschaffung freier Referenten:
- Gesprächsprotokolle von Einstellungsgesprächen,
- Berichte über Hospitationen beim erstem Einsatz,
- Auswertungen von Teilnehmerbewertungsbögen,
- Liste mit Kriterien, die bei der Auswahl von Referenten berücksichtigt werden müssen, und Nachweis darüber, dass diese Kriterien auch angewandt werden.

Für Hotels und Tagungsräume:
- ausgefüllte Checklisten von Besichtigungen vor der ersten Buchung,
- regelmäßige Auswertungen von Teilnehmerbewertungsbögen in Bezug auf die Qualität der Veranstaltungsräume.

b) Beschaffungsangaben

Der Einkauf von Produkten und Dienstleistungen muss auf dokumentierten Anforderungen beruhen. Bevor z.B. ein Vertrag mit einem externen Referenten geschlossen wird, muss ihm nachweisbar übermittelt werden, welche Qualitätsmerkmale seine Leistung erfüllen soll.

Dies lässt sich z.B. durch „Merkblätter für Referenten" erfüllen, auf die bei einem Vertrag Bezug genommen wird. Die Qualität der beschafften Leistungen ist in besonderem Maße wesentlich für die Qualität der angebotenen Bildungsdienstleistungen.

Deshalb muss die Definition und Dokumentation der Forderungen an die Qualität in das Qualitätsmanagementsystem einbezogen werden. „Merkblätter für Referenten" oder andere Dokumente mit Forderungen, die die beschafften Leistungen erfüllen müssen, müssen deshalb systematisch überprüft und freigegeben werden.

c) Verifizierung von beschafften Produkten

Die Bildungsorganisation muss durch Prüfungen und andere Tätigkeiten sicherstellen, dass die verpflichteten Referenten, beschafften Lernmittel, Medien und andere Produkte die festgelegten Anforderungen erfüllen. Das Gleiche gilt, wenn diese Prüfungen auf dem Gelände eines Lieferanten durchgeführt werden, beispielsweise bei der Besichtigung von externen Unterrichtsräumen (Tagungshotels etc.). Die Norm fordert, dass dann die Prüfmethode (z. B. Checklisten) und die formale Freigabe für die Beschaffung in den Beschaffungsunterlagen dokumentiert werden.

4.7.5 Produktion und Dienstleistungserbringung

a) Lenkung der Produktion und Dienstleistungserbringung

Dieser Punkt regelt die Vorbereitung und Durchführung der Bildungsdienstleistung.

Die ISO 9001 fordert, dass die Bildungsorganisation diejenigen Prozesse identifiziert, die die Qualität direkt beeinflussen. Sinnvoll ist es deshalb, im Qualitätsmanagementhandbuch festzulegen, welche Prozesse im Sinne der Norm „geregelt" werden müssen. Diese Prozesse müssen „unter beherrschten Bedingungen" durchgeführt werden, um Fehler zu vermeiden.

Beispiele für Prozesse, die im Bildungsbereich geregelt werden müssen:

- Zuordnung von Verantwortlichkeiten für die Planung, Durchführung, organisatorische Betreuung
- Anmeldeprozess / Einschreibungsprozess
- Teilnehmerinformation,
- Erstellung der Lehrgangsunterlagen / Versand,
- Ablaufplan für Lehrveranstaltungen,
- Raumbelegungs- und Bestuhlungsplanung,
- Planung der Verfügbarkeit technischer Geräte,
- Catering-Planung
- Rechnungsstellung und Administration
- Prüfungsorganisation
- Zeugniserstellung / Teilnehmerbestätigungen

Viele dieser Positionen lassen sich über Ablaufdiagramme und Checklisten regeln, die dann zu gleich auch die entsprechende Nachweisfunktion bieten.

Für die Prozesse, die als für die Produktqualität erheblich ausgewählt worden sind, sollte man die Verfahrensanweisungen so formulieren, dass folgende Fragen beantwortet werden:

- Wer ist verantwortlich?
- Was soll geschehen?
- Wann soll es geschehen? (ablauforganisatorisch)
- Wer ist zusätzlich einzubeziehen? (informieren, mitwirken, anordnen, durchführen)
- Welches Ziel soll durch diese Tätigkeit erreicht werden?

b) Validierung der Prozesse zur Produktion und Dienstleistungserbringung

Das Besondere bei Bildungsdienstleistungen im Gegensatz zu materiellen Produkten ist, dass die Qualität erst festgestellt werden kann, wenn die Bildungsleistung von den Teilnehmern schon in Anspruch genommen wird. Eine Qualitätsprüfung des Seminars an sich vorab ist deshalb nur schwer möglich.

Ein wesentlicher Faktor für die Qualität der Bildungsdienstleistung ist die Durchführung durch den internen oder externen Referenten. Eine Lenkung der Qualität ist meist nur vorab möglich, indem z.B. Leitfäden für die didaktische Qualität erstellt und den Referenten (als Vertragsbestandteil) zur Verfügung gestellt werden. Es muss deshalb durch Prüfung oder Überwachung sichergestellt werden, dass Referenten über eine für diese Veranstaltung ausreichende didaktische Eignung verfügen. Es wäre festzuschreiben, in welcher Weise sie überprüft oder überwacht wird.

c) Kennzeichnung und Rückverfolgbarkeit

Eine Bildungsorganisation muss, wo dies angemessen ist, auch nach Durchführung einer Veranstaltung noch alle damit zusammenhängenden Sachverhalte identifizieren können.

Wenn Qualität aber kundenorientiert verstanden wird, ist es sicher notwendig, auch längerer Zeit noch Auskunft über eine Veranstaltung, ihre Inhalte, die Teilnehmer und den Referenten geben zu können, auch um den Ursachen für eventuelle Mängel nachgehen zu können.

Auch die Verwendung geprüfter und freigegebener Lehrunterlagen muss erkennbar sein.

- Hier könnte z.B. ein Prüfvermerk des Fachbereichsleiters auf dem Auftragsformular zur Vervielfältigung der vom Referenten eingereichten Lehrunterlagen vorgesehen werden.
- Auch Lehrgangskonzepte könnten einen Vermerk tragen, ob sie in der Phase der Entwicklung, der Erprobung oder für die Lehrgangsdurchführung freigegeben sind.
- Eine übliche Form der Kennzeichnung von Bildungsdienstleistungen ist ein durchgängiges Seminarnummernsystem oder die eindeutige Zuweisung von Klassenbüchern oder Seminarakten.

d) Eigentum des Kunden

Im Bildungsbereich ist es nicht unüblich, Bildungsdienstleistungen in Räumen des Kunden (Inhouse-Seminare) oder mit dem Eigentum des Kunden (Geräte wie Maschinen, IT) zu erbringen. Ist dies der Fall, muss das Vorgehen geregelt sein.

Die Bildungsorganisation muss mit dem Eigentum des Kunden sorgfältig umgehen, solange es sich in seinem Bereich befindet oder von ihm gebraucht wird. Darunter fallen z.b:

- Räume des Auftraggebers, in denen Seminare stattfinden,
- Anlagen / Maschinen / technische Ausrüstung des Auftraggebers,
- Übungsfälle, die bearbeitet werden sollen und
- Demonstrationsobjekte.

Auch wenn in eigenen Räumen der Bildungsorganisation mit dem Eigentum des Kunden gearbeitet wird, ist ein Kennzeichnen, Überprüfen und Schützen notwendig. Falls es verloren geht, beschädigt oder anderweitig unbrauchbar wird, muss dies dem Kunden mitgeteilt und aufgezeichnet werden.

e) Produkterhaltung

Bildungsorganisationen brauchen i.d.R. nur in vergleichsweise geringem Umfang Regelungen über die Behandlung materieller Zwischen- oder Endprodukte zu treffen. Es sind aber auch Fälle denkbar, in denen dieses Normelement auch für Bildungsorganisationen relevant ist. Beispiele:

- Eine Bildungsorganisation qualifiziert Teilnehmer zu Köchen, die ihre zubereiteten Speisen auch verköstigen oder anderen zur Beköstigung überlassen. Es ist sicherzustellen, dass der einwandfreie Zustand der Rohprodukte und zubereiteten Speisen gewährleistet ist und die entsprechenden gesetzlichen Bestimmungen eingehalten werden.
- Eine Bildungsorganisation bietet ihren Teilnehmern im Nachgang zur Veranstaltung auch materielle Produkte (z.B. CDs mit Lernsoftware, Lehrunterlagen, Einsendeaufgaben) an. In diesen Fällen muss durch geeignete Regelungen oder Verfahren sichergestellt werden, dass die Produkte die Teilnehmer in fehlerfreiem Zustand erreichen.

4.7.6 Lenkung von Überwachungs- und Messmitteln

In der ISO 9001 werden an verschiedenen Stellen Prüfungen gefordert. Die dazu nötigen Prüfmittel müssen richtig ausgewählt, regelmäßig überwacht und in Bezug auf ihre Eignung, die Qualität in der notwendigen Sorgfalt zu messen, bewertet werden.

In Bildungsorganisationen wird man die Forderung nach Überwachung der Prüfmittel i. d. R. auf die qualitativen Prüfmittel, wie z. B. Eignungstests, Checklisten oder Bewertungsbögen, beziehen. Es muss sichergestellt werden, dass die jeweiligen Instrumente in einheitlicher Weise verwendet werden.

4.8 Messung, Analyse und Verbesserung

4.8.1 Allgemeines

Die Bildungsorganisation soll sich kontinuierlich verbessern. Daher müssen die erforderlichen Zahlen, Daten und Fakten systematisch erhoben und ausgewertet werden. Auf dieser Basis sind dann ggf. angemessene Verbesserungsmaßnahmen zu ergreifen.

Die dafür notwendigen Maßnahmen zur Überwachung, Messung, Analyse und Verbesserung müssen systematisch geplant werden.

4.8.2 Überwachung und Messung

a) Kundenzufriedenheit
Anliegen eines Qualitätsmanagementsystems nach ISO 9001 ist es, Bildungsleistungen zu erbringen, die die Anforderungen der Auftraggeber und Teilnehmer vollständig erfüllen.

Dazu reicht es nicht, nur intern die Seminare mit den Kundenforderungen zu vergleichen. Vielmehr muss auch die Wahrnehmung des Kunden dazu ermittelt werden. Instrumente können hier die Teilnehmerbefragung oder auch eine systematische Auftraggeberbefragung sein. Wird sie mit zeitlicher Verzögerung zum Schulungstermin durchgeführt, lässt sich ggf. sogar die Wirksamkeit der Schulung in der betrieblichen Praxis erfragen.

b) Internes Audit
Als Methode zur Überprüfung der Wirksamkeit des Qualitätsmanagementsystems fordert die ISO 9001 die Planung, Durchführung und Auswertung interner Audits.

Interne Audits dienen dazu, zu überwachen, ob die im Qualitätsmanagementsystem festgelegten Regeln vollständig den Anforderungen der ISO 9001 entsprechen und ob sie in der Praxis auch eingehalten werden. Es handelt sich demnach um ein Instrument, das auf die Überwachung und ständige Verbesserung des Qualitätsmanagementsystems gerichtet ist.

In der ISO 9001 wird gefordert, dass

- ein Auditprogramm geplant wird, das Audits für die Tätigkeiten des Qualitätsmanagements entsprechend ihrer Bedeutung und ihrem Status festlegt,
- die Durchführung interner Audits (Kriterien, Häufigkeit, Umfang, Methoden) geregelt wird, um die Wirksamkeit des Qualitätsmanagementsystems festzustellen,
- Audits von Personen durchgeführt werden sollen, die unabhängig von denjenigen sind, die direkte Verantwortung für die auditierte Abteilung haben (Audits sollten nicht von Mitarbeitern der auditierten Abteilung durchgeführt werden),
- Auditergebnisse schriftlich mitgeteilt werden müssen.

Bei festgestellten Mängeln muss die Leitung rechtzeitig Korrekturmaßnahmen ergreifen, um die Ursache der Mängel zu beseitigen.

Es ist notwendig, in einer Verfahrensanweisung festzulegen, wie Audits in der eigenen Bildungsorganisation durchgeführt werden. Hier kann man auf den Leitfaden ISO 19011 zurückgreifen.

c) *Überwachung und Messung von Prozessen*
Die Bildungsorganisation muss die Prozesse ihres Qualitätsmanagementsystems systematisch überwachen. Dabei muss sie darlegen, dass die von ihr definierten Prozesse geeignet sind, Bildungsdienstleistungen gemäß den Anforderungen zu entwickeln und durchzuführen.

Sollten diese Anforderungen nicht erfüllt werden, muss sie entsprechende Korrekturmaßnahmen ergreifen.

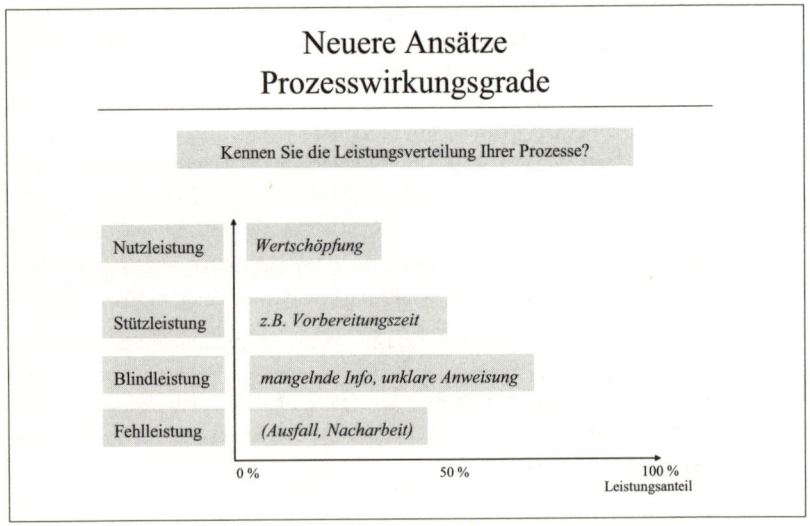

d) *Überwachung und Messung des Produktes/der Dienstleistung*

Die ISO 9001 fordert, dass während der Realisierung einer Bildungsdienstleistung in geeigneten Phasen geprüft werden muss, ob die festgelegten Anforderungen an die Dienstleistung erfüllt sind.

Beispiele für solche Prüfungen im Bildungsbereich sind:

- Auswertung der Teilnehmerbewertungsbögen: Ist das Ziel einer überdurchschnittlichen Gesamtbewertung erreicht?
- Hospitation bei einer Seminarveranstaltung mit einem neuen Referenten: Benutzt er geeignete und unterschiedliche Medien zur Vermittlung seiner Themen?
- Auswertung der Anmeldungen für eine Veranstaltung: Werden zu mindestens 80 Prozent Teilnehmer aus der für dieses Seminar vorgesehenen Zielgruppe angesprochen?
- Überprüfung der von Referenten eingereichten Seminarunterlagen: Sind die festgelegten Anforderungen an Seminarunterlagen erfüllt?
- Überprüfung der für das Seminar vorgesehenen Seminarräume: Entsprechen Größe, Bestuhlung, technische Ausstattung, Beleuchtung, Raumklima, Geräuschisolierung den Anforderungen? Sind Verpflegungsmöglichkeiten vorhanden?

Prüfungen beziehen sich bei Bildungsanbietern auf die Veranstaltungs-, Seminar- oder Maßnahmenanforderungen, wie sie durch Kunden, Auftraggeber, Behörden oder gesetzliche Regelungen definiert sind. Darüber hinaus müssen Qualitätsforderungen, die von der Bildungsorganisation in ihrer Qualitätspolitik, ihren Qualitätszielen und ihrer eigenen Produktbeschreibung (Seminarprospekte) aufgestellt werden, durch Prüfungen erfasst werden.

Zentrale Punkte des Qualitätsmanagements sind neben der Erfüllung der Kundenanforderungen das Qualitätsversprechen und die Qualitätsziele der Bildungsorganisation. Wenn man bestimmte Qualitätsstandards für eingekaufte Leistungen und Produkte, für die eigene Tätigkeit und für das erreichte Ergebnis fordert, dann muss man deren Erfüllung auch nachprüfen und nachweisen können. Auf diese Weise werden die Objekte und der Umfang der Prüfungen auch durch die Qualitätspolitik und die Qualitätsziele für die zu schaffende Dienstleistung vorgegeben.

Als Nachweis über die Ergebnisse dieser Prüfungen müssen Aufzeichnungen angefertigt und archiviert werden. Falls Fehler aufgetreten sind, muss das Verfahren angewendet werden, das unter „Lenkung fehlerhafter Produkte" festgelegt ist.

4.8.3 Lenkung fehlerhafter Produkte

„Fehlerhafte Produkte" sind solche Vorleistungen oder angebotenen Dienstleistungen, die die vorgesehenen Prüfungen nicht bestanden haben.

Beispiele für fehlerhafte Produkte einer Bildungsorganisation:
- Die inhaltliche oder didaktische Qualität einer Veranstaltung erhält von den Teilnehmern eine Bewertung, die die Mindestbewertung unterschreitet.
- Eingereichte Lehrunterlagen, die vom zuständigen Fachbereichsleiter nicht akzeptiert werden.
- Veranstaltungen oder Veranstaltungsteile, bei denen mehr Teilnehmer als akzeptabel die Abschlussprüfung nicht bestanden haben.

Für den „Fehlerfall" sind Regelungen hinsichtlich des weiteren Verfahrens zu treffen.

4.8.4 Datenanalyse

Solide Daten und statistische Methoden sind die Grundlage eines systematischen Qualitätsmanagements. Bildungsorganisationen müssen daher geeignete Daten ermitteln, erfassen und analysieren, um die Eignung und die Wirksamkeit des Qualitätsmanagementsystems darzulegen. Das setzt Bildungsorganisationen in die Lage, zu beurteilen, wo die Wirksamkeit des Qualitätsmanagements noch verbessert werden kann oder muss.

Die Datenanalyse muss unter anderem Informationen liefern über:
- die Teilnehmer- und Kundenzufriedenheit,
- die Erfüllung der Anforderungen an das Bildungsangebot,
- die einzelnen Merkmale des Bildungsangebotes und deren Trends im Zeitverlauf einschließlich der Möglichkeiten für Vorbeugemaßnahmen und
- die Qualität der Lieferanten.

Eine Bildungsorganisation kann z. B. statistische Auswertungen bei der Analyse und Aggregation von Teilnehmerbewertungen und Prüfungsergebnissen vornehmen. Im Rahmen interner Audits oder bei Management-Reviews kann dann regelmäßig erhoben werden, wo zur Verbesserung der Qualität differenziertere Auswertungen der Teilnehmerbewertung sinnvoll oder notwendig sind.

Die eingesetzten statistischen Methoden müssen nach festgelegten Regelungen angewendet werden. Beispielsweise könnte eine Verfahrensanweisung zur Auswertung von Teilnehmerbewertungen vorschreiben, grundsätzlich die hierfür entwickelte Software auf Basis eines Tabellenkalkulationssystems zu nutzen.

4.8.5 Verbesserung

a) Ständige Verbesserung

Die Bildungsorganisation muss die Wirksamkeit ihres Qualitätsmanagementsystems durch den Einsatz der Qualitätspolitik, der Qualitätsziele, der Auditergebnisse, der Datenanalyse, der Korrektur- und Vorbeugemaßnahmen sowie der Managementbewertung ständig verbessern.

Auch für Bildungsorganisationen empfiehlt sich, zuerst ein zertifizierungsfähiges Qualitätsmananagementsystem nach ISO 9001 einzuführen und dann darauf aufbauend sich am Qualitätsmanagementmodell des Europäischen Qualitätspreises zu orientieren. Mit einer Zertifizierung nach ISO 9001 erfüllen sie in der Regel bereits 30 bis 40 Prozent der Anforderungen, die das Modell des Europäischen Qualitätspreises stellt.

b) Korrekturmaßnahmen und Vorbeugemaßnahmen

Im Gegensatz zu den Regelungen zur Behandlung fehlerhafter Produkte/Dienstleistungen betreffen Korrektur- und Vorbeugungsmaßnahmen die Ursachen von Fehlern. Korrektur- und Vorbeugungsmaßnahmen führen normalerweise zu Verfahrensänderungen, indem z.B. zusätzliche Prüfvorgänge eingeführt oder Aktivitäten anders organisiert werden.

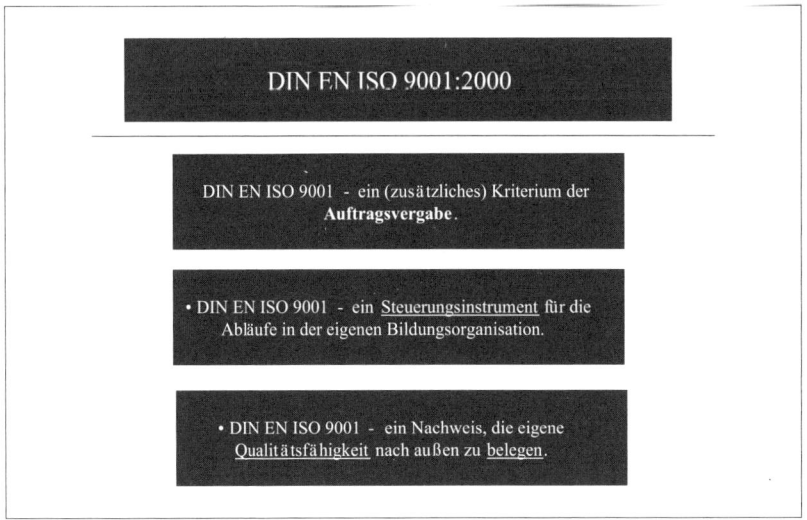

5. Projekt – Einführung eines Qualitätsmanagementsystems nach ISO 9001

5. Projekt – Einführung eines Qualitätsmanagement-systems nach ISO 9001

5.1 Prozessmanagement als Basis erfolgreicher Qualitätsarbeit

Dem Gedanken der Prozessorientierung trägt der Qualitätsstandard ISO 9001 voll und ganz Rechnung. Daher sollen an dieser Stelle einige Ausführungen zu diesem speziellen Thema geboten werden.

Unter Prozessorientierung wird die Grundhaltung verstanden, bei der das gesamte betriebliche Handeln als Kombination von Prozessen betrachtet wird. Es geht also im Wesentlichen um die Frage, wie die Ressourcen der Bildungsorganisation möglichst optimal zur Erreichung der Kundenforderungen eingesetzt werden können. Alle Prozesse und Strukturen sollen möglichst wirksam und effizient gestaltet werden. Dazu müssen sie zunächst identifiziert, übersichtlich dargestellt und laufend optimiert werden.

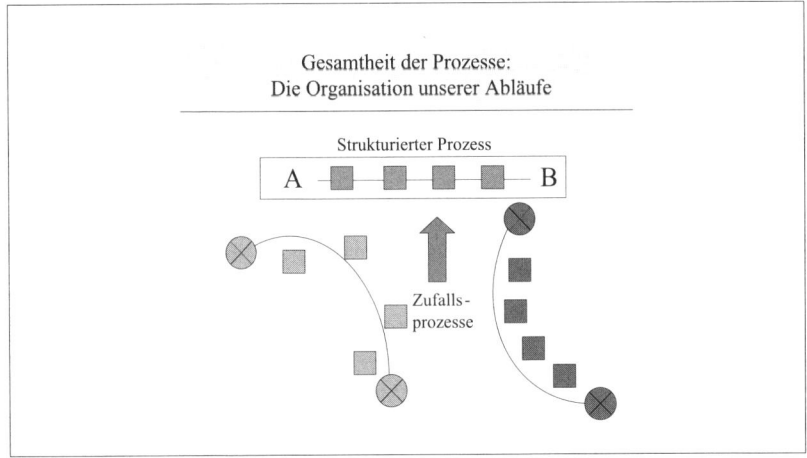

Basis aller Qualitätsarbeit ist daher die Auseinandersetzung mit den Methoden des Geschäftsprozessmanagements. Erst auf dieser Grundlage lassen sich gute und vor allem effiziente Qualitätsmanagementsysteme implementieren, die dem Grundgedanken der besseren Steuerbarkeit von Organisationen entsprechen.

Prozessorientierte Audits erlauben später eine sehr wirksame Überprüfung des betrieblichen Ablaufs.

Drei wichtige Implementierungsschritte eines funktionierenden Qualitätsmanagementsystems
Nachfolgend sollen einmal drei wichtige Schritte zur Einführung eines Qualitätsmanagementsystems dargestellt werden. Hier werden die Weichen dafür gestellt, welche Qualität das eigene Qualitätssystem besitzt. Hier passieren auch die häufigsten Fehler, da Bildungsorganisationen i.d.R. nicht über eigene Experten verfügen, die sich auf diesem Gebiet wirklich sicher und professionell bewegen können. Seitens der Leitung wird hier schnell am falschen Ende gespart, da Kosten für ggf. externe Beratung gescheut werden.

Erstens. *Ist-Analyse* und Entwicklung eines eigenen Prozessmodells sind die Basis für ein wirkungsvolles Qialitätsmanagement.

Die Definition und Erarbeitung der Management-, Leistungs- und Unterstützungsprozesse innerhalb eines für die jeweilige Bildungsorganisation spezifischen Geschäftsprozessmodells ist die Basis für die weitere Entwicklung des Qualitätsmanagementsystems. Dabei haben die Managementprozesse die Aufgabe, die Kern- und Unterstützungsprozesse zu planen, zu lenken und aufeinander abzustimmen. Hierzu gehört auch die Formulierung von strategischen Zielen unter Berücksichtigung der organisationsexternen Anforderungen. Die Umsetzung der Prozessorientierung wird nur möglich sein, wenn die in der Organisation, d. h. hier einer Bildungsorganisation, ablaufenden Geschäftsprozesse sauber und transparent analysiert und dokumentiert sind.

Zweitens. Auf die Ist-Analyse der Geschäftsprozesse erfolgt eine sorgfältige *Schwachstellenanalyse.* Hier lokalisieren die Mitarbeiter, die ihre Prozesse am besten kennen, die Defizite im betrachteten Prozess und legen gemeinsam Lösungsansätze zur Schwachstellenbeseitigung fest. Grundlage für die Einleitung der Verbesserungsprozesse und die Vorgabe detaillierter Ziele bilden die Prozessdokumentationen.

Die Aufnahme der Schwachstellen erfolgt in der Regel in Interview-Form. Die an dem Prozess beteiligten Mitarbeiter benennen die in ihren Bereichen auftretenden Schwachstellen und ordnen sie konkret den betroffenen Funktionen im jeweiligen Prozess zu.

Die Ermittlung der Schwachstellen erfolgt üblicherweise im Rahmen eines Prozess-Workshops. Mittels Flip-Chart oder entsprechender Softwaretools werden die ermittelten Schwachstellen mit einer hohen und niedrigen Bewertung versehen. Ein einfaches, aber wirkungsvolles Verfahren ist folgendes: Jeder Mitarbeiter erhält, bezogen auf die Anzahl der Schwachstellen pro Prozesskette, eine bestimmte Anzahl grüner und roter Punkte (grün = niedrig, rot = hoch). Er kann diese Punkte pro Schwachstelle in beliebiger Anzahl einsetzen. Am Ende werden die grünen und roten Punkte zusammengezählt, daraus resultiert eine klare Prioritätenfolge. Daraus ergibt sich dann ein dokumentierter Maßnahmenplan für die jeweilige Prozesskette. Diese Dokumentation ist die Grundlage für die spätere Ausarbeitung von Lösungsmöglichkeiten für die gefundenen Schwachstellen.

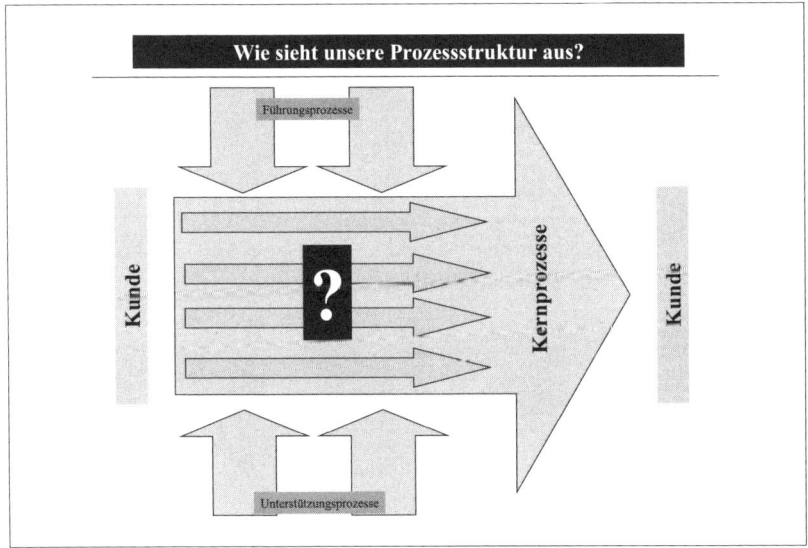

Drittens. Jetzt erfolgt die *Entwicklung des neuen Prozessmodells* bzw. die Prozessoptimierung. Auch dieser Schritt soll unter starker Einbeziehung der Mitarbeiter erfolgen. Durch die Integration der »Betroffenen« bei der Prozessmodellierung wird den Mitarbeitern die Angst vor Veränderungen genommen. Durch die aktive Mitwirkungsmöglichkeit wird gleichzeitig das Interesse und die Bereitschaft für das Arbeiten in neuen Strukturen geschaffen. Durch diese Vorgehensweise wird eine stärkere Identifizierung mit den Prozessen erreicht.

Für eine erfolgreiche Durchführung des neuen Prozessmodells lassen sich die sechs folgenden Prinzipien formulieren:

- Jeder Prozess sollte zielgerichtet sein.
- Jeder Prozess sollte einen definierten Anfang und ein definiertes Ende besitzen.
- Jeder Prozess sollte einen Prozessnamen besitzen.
- Jeder Prozess sollte einen Prozessverantwortlichen (Process-Owner) für das Prozessergebnis besitzen.
- Jeder Prozess sollte seinen Lieferanten kennen, der eine definierte Vorarbeit leistet.
- Jeder Prozess sollte den Kunden kennen, für den diese Arbeit geleistet wird.

Das auf diesem Wege neu definierte Prozessmodell der Bildungsorganisation bildet jetzt die Basis für die Erstellung des Qualitätsmanagement-Handbuches.

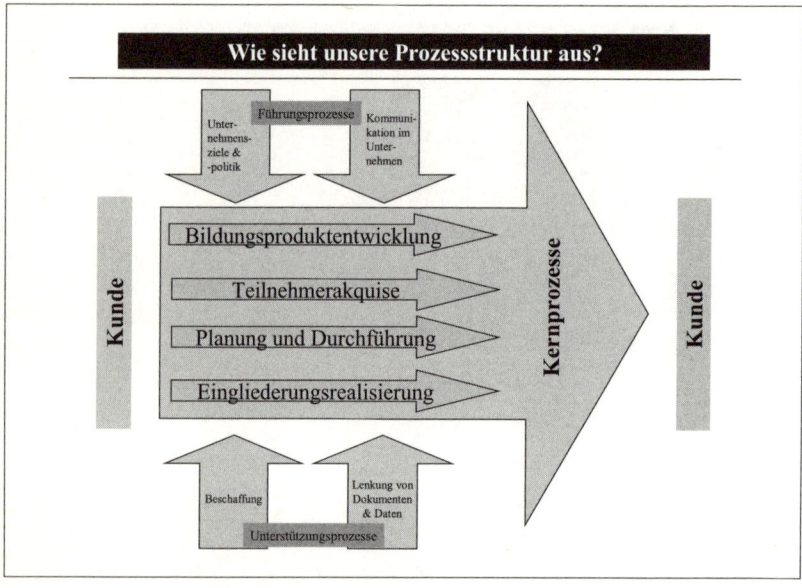

5.2 Schritte zum Qualitätsmanagement nach ISO 9001

Der Aufbau eines Qualitätsmanagementsystems ist für Bildungsorganisationen eine vielseitige und einmalige Aufgabe, in der unterschiedliche Prozesse koordiniert werden müssen. Es handelt sich damit um ein typisches Einsatzfeld für Projektmanagement. Die effiziente Gestaltung der Projektorganisation und der Projektplanung ist auch maßgeblich dafür, mit welchem Aufwand und in welcher Zeit die Einführung des Qualitätsmanagementsystems abgeschlossen werden kann.

In diesem Kapitel werden die Schritte, die von der Entscheidung für die Einrichtung des Systems bis zur Zertifizierung notwendig werden, beschrieben und an Beispielen, wie diese Schritte in einer Weiterbildungseinrichtung vollzogen werden können, kommentiert.

Die folgende Tabelle zeigt vorab eine Übersicht der Projektschritte und den zeitlichen Ablauf der Einführung des Qualitätsmanagementsystems. Die Projektschritte entsprechen den Abschnitten dieses Kapitels, in denen jeweils die Aktivitäten vorgestellt werden.

Für die Projektplanung kann diese Tabelle als Terminübersicht genutzt werden:

Die Aktivitäten, die in den einzelnen Projektschritten erforderlich sind, sind in den folgenden Abschnitten näher erläutert:

5.3 Projekt „Qualitätsmanagement" planen und einsetzen

Nach der Entscheidung, ein Qualitätsmanagementsystem nach ISO 9001 einzurichten und zertifizieren zu lassen, muss die Geschäftsleitung die notwendigen Schritte veranlassen.

5.4 Projektleiter und Qualitätsmanagementbeauftragten benennen

Die Einrichtung des Systems kann gut als Projekt organisiert werden. Ein geeigneter Schlusszeitpunkt für das Projekt ist die Zertifizierung.

Eine der wichtigsten Aufgaben in dieser Phase ist es, einen geeigneten Projektleiter zu identifizieren und zu benennen. Häufig wird bereits jetzt festgelegt, wer schließlich als „Beauftragter der obersten Leitung" verantwortlich für das Qualitätsmanagementsystem sein wird, und dieser Mitarbeiter wird auch in der Einführungsphase als Projektleiter benannt. Diese Vorgehensweise ist sinnvoll, da sich der Beauftragte auf diese Weise am besten mit dem Qualitätsmanagementsystem identifiziert und so die beste Vorbereitung für seine spätere Tätigkeit realisiert wird.

Wer kommt als Projektleiter und Qualitätsmanagementbeauftrager in Frage? Der Qualitätsmanagementbeauftragte sollte der Leitungsebene angehören.

- Er muss mit der notwendigen Kompetenz ausgestattet sein.
- Er muss von den Mitarbeitern in dieser Rolle akzeptiert werden.

Der ausgewählte Mitarbeiter sollte frühzeitig eine Schulung im Qualitätsmanagement erhalten, um seine Prinzipien zu verstehen und die Anforderungen der Normen umsetzen zu können.

Die Rolle des QMB…

…ist die des Koordinators.

…Er ist nicht der „Läufer" während der Implementierungsphase.

…Er ist „Schnittstelle" zwischen Mitarbeitern, Abteilungen etc. und Geschäftsführung.

…Er ist Schnittstelle zur Zertifizierungsorganisation.

5.5 Braucht man die Unterstützung externer Berater?

Es wird häufig gefragt, ob es sinnvoll ist, externe Berater zu beauftragen. Neben dem Preis ist die Nähe zur eigenen Branche ein wichtiges Kriterium.

Eingesetzt wird er häufig zur Ist-Analyse, zur Unterstützung bei der Konzeption des Qualitätsmanagementsystems, zur Moderation von Workshops, zur Durchführung interner Audits vor der externen Zertifizierung.

Ein Qualitätsmanagementhandbuch, das nicht von den Mitarbeitern des Unternehmens, sondern von externen Beratern geschrieben wurde, wird Schwierigkeiten haben, als Arbeitsmittel akzeptiert zu werden und somit letztlich oft seinen Zweck nicht erfüllen.

5.6 Projekt definieren

Das Projekt „Einführung eines QM-Systems" sollte in Bezug auf seine Schritte, Abläufe, Termine und Kosten geplant werden. Eine gute – und von der Geschäftsleitung getragene – Projektplanung unterstützt den Projektleiter bei seiner Arbeit und verhindert, dass Kosten ausufern und Termine nicht eingehalten werden können.

Durch eine vorher festgelegte Zeitplanung lässt sich auch vermeiden, dass das Qualitätsmanagementsystem „überorganisiert" wird. Die Grenzen, bis zu denen Regelungen sinnvoll und notwendig sind, lassen sich im Voraus schwer erkennen, und einmal getroffene Regelungen werden später selten abgeschafft. Man sollte deshalb nicht im „vorauseilenden Gehorsam" alles regeln, was geregelt werden könnte; die Norm lässt einem Unternehmen einen ausreichend weiten Interpretationsspielraum.

5.7 Mitarbeiter informieren

Die Mitarbeiter sollten frühzeitig darüber informiert werden, dass Maßnahmen zum Qualitätsmanagement eingeführt werden. Ihre Mitarbeit ist dringend notwendig, da sie am besten wissen, wie Arbeiten erledigt werden und was verbessert werden könnte.

Beispiel: Mit einem offenen Brief an alle Mitarbeiter (und evtl. auch an die freien Dozenten) oder bei einer Mitarbeiterversammlung wird angekündigt, dass ein Qualitätsmanagementsystem eingerichtet werden soll. Gleichzeitig werden die Mitarbeiter mit der Zeitplanung für das Projekt bekannt gemacht und der Projektleiter benannt. Die Mitarbeiter werden um ihre Unterstützung gebeten. Es wird darauf hingewiesen, dass Qualitätsmanagement nicht bedeutet, Schuldige für Fehler zu suchen, sondern dass die Chance genutzt werden soll, die Bildungsleistungen zu verbessern und so für die Zukunft vorzusorgen.

5.8 Qualitätspolitik und Qualitätsziele entwerfen

5.8.1 Qualitätspolitik

Ebenfalls bereits zu Beginn des Projektes sollte man die Grundzüge der Qualitätspolitik der Bildungseinrichtung festlegen.

Um die Akzeptanz der Qualitätspolitik sicherzustellen, sollte man die leitenden Mitarbeiter bei der Formulierung einbeziehen oder ihnen die Qualitätspolitik mit der Bitte um Verbesserungsvorschläge vorlegen.

Bei der Formulierung einer Qualitätspolitik sollten folgende Regeln beachtet werden:

Sie brauchen kein „Jahrhundertwerk" zu schaffen, auch die Qualitätspolitik kann – und sollte – veränderbar sein. Wenn Ihr Unternehmen die ersten Schritte im Qualitätsmanagement erfolgreich bestanden hat, werden neue Ziele wichtig, so dass Anpassungen des Qualitätsmanagements nicht nur notwendig sind, sondern auch ein Zeichen für den fortschreitenden Prozess der Verbesserung des Qualitätsbewusstseins.

5.8.2 Qualitätskriterien und Qualitätsziele

Die Qualitätspolitik muss, damit die Regelkreise des Qualitätsmanagementsystems funktionieren, in messbare Qualitätsziele umgesetzt werden.

Qualitätskriterien müssen überprüfbar sein, da nur so messbare Qualitätsziele als Steuerungsinstrumente des Qualitätsmanagements wirksam werden können.

5.9 Wie funktioniert Ihr Qualitätsmanagementsystem heute?

Ein einfacher Weg, herauszufinden, welche Bestandteile eines Qualitätsmanagementsystems in einer Bildungseinrichtung bereits existieren, ist die Sammlung aller schriftlich dokumentierten und nicht dokumentierten Verfahren der Arbeitsorganisation, die Einfluss auf die Qualität der Bildungsangebote haben:

Welche dokumentierten Verfahren der Arbeitsorganisation existieren bereits?
* Fragebogen zur Bewertung von Veranstaltungen durch die Teilnehmer,
* Formulare, mit denen Teilnehmerbewertungsbögen ausgewertet werden,
* Checklisten zur Auswahl externer Referenten,
* Checklisten für Dozenten mit Anforderungen an Lehrgangsmaterialien,

- Checklisten zur Überprüfung von Hotels und Tagungsräumen,
- Arbeitslisten in der Anmeldeverwaltung,
- Formulare als Organisationsmittel zur Vorbereitung von Seminarveranstaltungen (Verfügbarkeit technischer Mittel, Verpflegung, Räume etc.),
- Computergestützte Verfahren (die nicht mehr zusätzlich schriftlich dokumentiert werden müssen), z. B. zur Auswertung von Multiple-Choice-Prüfungen.

Die Bestandsaufnahme für die dokumentierten Verfahren lässt sich einfach durch Sammlung aller Checklisten, Formulare, Regeln etc. erreichen. Die nicht dokumentierten Verfahren werden sinnvollerweise von den Mitarbeitern benannt, die diese Arbeiten ausführen. Bei der Bestandsaufnahme ist das persönliche Gespräch mit den Mitarbeitern unabdingbar.

Nur durch die Einbeziehung dieser „Experten" lässt sich auch erreichen, dass bei der Einrichtung des Qualitätsmanagementsystems keine unnötigen oder ineffizienten Regeln erstellt werden. Solche Verfahren schaden mehr, als sie nützen, da sie die Akzeptanz des gesamten Qualitätsmanagementsystems gefährden.

Welche Verfahren des Qualitätsmanagements werden weitgehend systematisch angewandt, ohne dass sie schriftlich dokumentiert sind?
- Regelmäßige Unterrichtung des Beirates der Bildungsorganisation über thematische Entwicklungen in der Arbeit der Bildungseinrichtung,
- Hospitationen beim ersten Einsatz externer Dozenten,
- Schulung und Einweisung von Mitarbeitern, die Aufgaben durchführen, die für die Qualität der Bildungsleistung wichtig sind,
- Teamarbeit und Zusammenarbeit mit Experten bei der Entwicklung neuer Bildungsangebote,
- Rückfragen bei entsendenden Unternehmen über die Qualität und den Transfererfolg von Seminaren,
- Behandlung von Kundenbeschwerden,
- Regelmäßige Berichterstattung an die Leitung der Bildungsstätte auch über Qualitätsaspekte der Arbeit,
- Qualitätszirkel, Projektgruppen oder Mitarbeiterqualifikationsgruppen.

Sie werden vermutlich feststellen, dass bereits eine große Zahl von Regelungen und Verfahren existieren, die auch Bestandteile des Qualitätsmanagementsystems nach ISO 9001 sein werden. In anderen Fällen wird es so sein, dass einige Mitarbeiter ihre Arbeit besser dokumentieren als andere. Vielleicht hat ein Mitarbeiter ein Formular oder ein DV-Hilfsmittel für seine Arbeit entwickelt, das Grundlage für ein allgemein gültiges Verfahren sein kann.

Wenn Einzelgespräche mit den Mitarbeitern zu aufwendig erscheinen, ist es eine sinnvolle Alternative, Arbeits- oder Projektgruppen mit der Erfassung und Dokumentation der eingesetzten Verfahren zu betrauen. Die Dokumentation muss dabei mit dem Qualitätsmanagementbeauftragten abgestimmt werden, um gemeinsame Dokumentationsstandards zu erfüllen.

5.10 Qualitätsmanagementelemente festlegen

Nachdem die Grundzüge der Qualitätspolitik des Unternehmens festgelegt sind, diese in realistische und realisierbare Qualitätsziele heruntergebrochen wurden und eine Übersicht über die bisher angewandten Methoden und Verfahren des Qualitätsmanagements feststeht, werden jetzt die Grundzüge des verbesserten Qualitätsmanagementsystems entwickelt.

Basis für die im Qualitätsmanagementhandbuch dokumentierten Verfahren sind die Techniken und Hilfsmittel, die bereits im Unternehmen verwendet werden.

Die Norm ISO 9001 enthält verschiedene Elemente des Qualitätsmanagements, die im Kapitel 4 dieses Leitfadens näher erläutert sind. Für den Aufbau eines Qualitätsmanagementsystems muss man entscheiden, welche dieser QM-Elemente angewandt werden müssen und in welchem Umfang sie geregelt werden. Allerdings dürfen für eine Zertifizierung nur nicht anwendbare Elemente aus dem Abschnitt 7 „Produktrealisierung" von der Anwendung ausgeschlossen werden. Bildungsorganisationen, die beispielsweise fertige Lehrgangskonzepte nur umsetzen und keine eigenen entwickeln, können die Anwendungen der Forderungen zu dem Unterabschnitt 7.3 „Entwicklung" ausschließen.

Die Ausschlüsse dürfen allerdings nicht die Fähigkeit beeinträchtigen, Produkte und Dienstleistungen gemäß den Anforderungen der Kunden etc. bereitzustellen. Die Ausschlüsse werden zudem auf dem ISO 9001-Zertifikat vermerkt.

Ein Erfolg versprechender Weg, ein Qualitätsmanagementsystem effizient zu gestalten, ist es, von den realen Arbeitsprozessen und Aktivitäten im Unternehmen auszugehen. Sie sollten deshalb zunächst eine Liste der Aktivitäten und Prozesse anfertigen, die für die Qualität der Bildungsangebote wichtig sind.

Hierbei sind die Qualitätskriterien, die sie in der Qualitätspolitik und den Qualitätszielen festgelegt haben, maßgeblich.

Jeder Arbeitsprozess, der die Qualität beeinflusst, sollte dann in Form eines Qualitätsregelkreises festgelegt werden.

5.11 Qualitätsmanagementhandbuch und Verfahrensanweisungen zusammenstellen

Die Konfiguration des Qualitätsmanagementsystems ist auf diese Weise zunächst allein auf Grund der Qualitätsziele und der Strukturen der Arbeitsorganisation der Bildungseinrichtung festgelegt worden. Die internen Gründe für die Einrichtung des Qualitätsmanagementsystems standen bei der Entwicklung bisher im Vordergrund.

Um auch die externen Motive zu berücksichtigen, d. h. das Qualitätsmanagementsystem anhand der Norm ISO 9001 zertifizierbar zu machen, müssen die Regeln dieser Norm beachtet werden. Es steht dann die Aufgabe bevor, diese Strukturen und Verfahren so zu ergänzen und zu dokumentieren, dass sie den Anforderungen der ISO 9001 entsprechen. Zusätzlich müssen interne Audits eingeführt werden, die für die Rückkopplung des Qualitätsmanagementregelkreises notwendig sind.

Es ist sicherlich auch möglich, das gesamte Qualitätsmanagementsystem in einem Dokument, dem Qualitätsmanagementhandbuch, zu dokumentieren. Dieses Qualitätsmanagementhandbuch müsste dann gleichzeitig als Anleitung für die Mitarbeiter dienen und den Nachweis darüber darstellen, dass die Anforderungen der ISO 9001 erfüllt sind.

Aus diesen Gründen hat sich folgende Aufteilung der Qualitätsmanagementdokumentation bewährt:

Das Qualitätsmanagementhandbuch fasst die zentralen Anforderungen des Qualitätsmanagementsystems zusammen. In diesem Qualitätsmanagementhandbuch enthalten sind Verweise auf Verfahrensanweisungen, mit denen das Qualitätsmanagementsystem im Unternehmen realisiert ist.

Verfahrensanweisungen, Checklisten und Formulare ergänzen das Qualitätsmanagementhandbuch. Sie werden als einzelne Module gehandhabt und können auch einzeln geändert werden. Diese Dokumente sind zwar einem gemeinsamen Verwaltungs-, Änderungs- und Verteilungssystem unterworfen, als Arbeitsmittel der einzelnen Abteilungen werden sie jedoch meist auch von diesen erarbeitet. Sie werden häufig in einem „Verfahrenshandbuch" zusammengefasst.

5.12 Qualitätsmanagementhandbuch als „Nachweishandbuch" erstellen

Da die Norm ISO 9001 in ihrer Systematik entsprechend den realen Arbeitsprozessen einer Organisation aufgebaut ist, kann das Qualitätsmanagementhandbuch anhand der Abschnitte und Unterabschnitte der ISO 9001 gegliedert werden. Zulässig ist aber auch jede andere (prozessorientierte) Form der Dokumentation, sofern sich die Prüfpunkte der Norm in ihr wiederfinden.

5.12.1 Verfahrensanweisungen schreiben

Verfahrensanweisungen sollen so klar wie möglich beschreiben, wie Arbeiten ausgeführt werden und welche qualitätssichernden Maßnahmen durchgeführt werden. Die Aktivitäten müssen so beschrieben werden, dass folgende Fragen beantwortet sind:

Wer macht *was, wann, womit* und *wie? Welche Qualitätsaufzeichnungen* werden angefertigt? *Wie* wird die Tätigkeit überwacht?

Für den Aufbau hat sich folgende Struktur bewährt:

Bei der Formulierung von Verfahrensanweisungen sollte man daran denken, den potenziellen Änderungsaufwand möglichst gering zu halten. „Provisorien führen ein Eigenleben" – dies gilt besonders immer dann, wenn Bürokratie geschaffen wird. Anstatt in „vorauseilendem Gehorsam" oder aus Perfektionismus die kleinsten Details zu regeln, sollte man versuchen, einen arbeitsfähigen Kompromiss zu finden.

Allgemein ist es effizienter, verbale Beschreibungen der Tätigkeiten so weit wie möglich zu vermeiden. Arbeitsmittel, Tabellen und Checklisten, aber auch Softwareprogramme sind häufig selbsterklärend, d. h. sie führen automatisch zu einer richtigen Arbeitsweise.

5.12.2 Verteilersystem und Änderungsdienst

Der Aufwand, der in einem Qualitätsmanagementsystem mit der „Lenkung der Dokumente" entsteht, kann beträchtlich sein. Deshalb sollte frühzeitig entschieden werden, ob eine Online-Dokumentation (Intranet) nicht eine interessante Alternative zu einer papiergestützten Dokumentation darstellt.

Es ist wichtig, vor der Dokumentation des Verteilersystems folgende Fragen zu beantworten:

Wer benötigt das Qualitätsmanagementhandbuch und einzelne Verfahrensanweisungen bzw. sollte sie erhalten?

- Geschäftsleitung
- Fachbereichsleiter / andere Führungskräfte,
- Mitarbeiter
- Externe Mitarbeiter (Dozenten),
- Kunden,
- Zertifizierungseinrichtung.

In welchen Fällen muss immer die aktuelle Version vorliegen? In welchen Fällen reicht es aus, dass auf Anfrage ein komplett aktualisiertes Handbuch ausgegeben wird? Mitarbeiter, die für eine Aktivität verantwortlich sind, müssen auf jeden Fall in den Änderungsdienst einbezogen werden.

Sollen Verfahrensanweisungen in einem „Verfahrenshandbuch" zusammengestellt und komplett ausgegeben werden? Oder benötigen manche Personenkreise nur einzelne Anweisungen?

Für jedes Modul der Qualitätsmanagementdokumentation, das einzeln behandelt und ausgegeben wird, muss ein solcher Verteiler geführt werden. Beispielsweise werden externe Dozenten in den Verteiler über die Verfahrensanweisung „Ablauf von Seminaren" aufgenommen, Verfahrensanweisungen zur Anmeldeverwaltung sind für sie nicht notwendig.

Der Verteiler hat die Funktion, dass bei jeder Änderung des Dokuments klar ersichtlich ist, wer ein aktualisiertes Exemplar erhalten muss. Die Norm legt großen Wert darauf, dass das Änderungssystem sicherstellen muss, dass keine veralteten Versionen von Dokumenten verwendet werden. Bei einer elektronischen Form der Verwaltung von QM-Dokumenten kann dies durch eine Löschung der Dateien im Netz erfolgen; in kleineren Instituten kann der Qualitätsmanagementbeauftragte die veralteten Versionen selbst einsammeln. Bei größeren Einrichtungen kann es notwendig werden, Empfangs- und Vernichtungserklärungen von den in den Änderungsdienst einbezogenen Personen anzufordern.

Durch ein solches „Änderungsprotokoll" ist immer genau feststellbar, wer welche Änderungen wann durchgeführt hat und an welchen Verteiler die geänderten Exemplare versandt wurden.

5.13 Durchführung interner Audits

In der ISO 9001 ist die Durchführung interner Audits ein fester Bestandteil der Anforderungen, die erfüllt werden müssen. Sie sind neben den Verfahrens- und Arbeitsanweisungen das wichtigste Element der Qualitätsmanagementregelkreise, da durch sie die Rückkopplung zwischen der tatsächlichen Ausführung der Arbeit und den Anweisungen hergestellt wird. Sie dienen dazu, zu beurteilen,

- ob die Verfahrens- und Arbeitsanweisungen tatsächlich so angewandt werden,
- ob die Verfahrensanweisungen geeignet sind, die Qualitätsziele zu erfüllen,
- ob und wo Verbesserungen am Qualitätsmanagementsystem durchgeführt werden müssen.

Audit...

...ist die Suche nach <u>Nachweisen</u>.

Was benötigt man für die Durchführung interner Audits?
Das wichtigste Werkzeug für die Durchführung interner Audits sind die Auditfragelisten. Sie enthalten die Kernpunkte der Norm ISO 9001. Anhand dieser Auditfragen kann der Mitarbeiter, der die Audits durchführt, beurteilen, ob die Arbeiten so durchgeführt werden wie im Qualitätsmanagementsystem vorgesehen.

Auditfragelisten sind die Umsetzung der Arbeits- und Verfahrensanweisungen in Frageform

Bildungseinrichtungen, die sich zertifizieren lassen wollen oder müssen, sollten ihre Zertifizierungsorganisation frühzeitig auf die Übergabe der aktuellen Auditfragelisten ansprechen. Sie geben wertvolle Hinweise für die Erstellung der Dokumentation und die Durchführung des internen Audits.

Zum Nachweis, dass regelmäßig Audits durchgeführt werden, ist eine dokumentierte Auditplanung erforderlich.

In einem Qualitätsmanagementsystem nach ISO 9001 sind regelmäßige Audits unabdingbar, bei Folge- und Wiederholungsaudits der Zertifizierungsgesellschaften gilt daher auch die erste Frage der Dokumentation durchgeführter interner Audits.

Wie werden interne Audits durchgeführt?

Auf der Basis des Auditplans und der Auditfragelisten wird dann das Audit durchgeführt. Audits müssen von Mitarbeitern durchgeführt werden, die unabhängig von denjenigen sind, die für den auditierten Bereich verantwortlich sind. Interne Audits werden vom Qualitätsbeauftragten durchgeführt, der im Rahmen seiner Kompetenzen die notwendige Unabhängigkeit besitzt. In den Abteilungen wird häufig ein Ansprechpartner benannt, der für die Vorbereitung des Audits zuständig ist und den internen Auditor bei seiner Arbeit begleitet. Das Ziel des Audits ist es, herauszufinden, ob das Qualitätsmanagementsystem so funktioniert, wie es vorgesehen und im Qualitätsmanagementhandbuch beschrieben ist.

Der Auditor sucht nach Belegen dafür, dass die Verfahrensanweisungen wie beschrieben angewendet werden. Als Belege gelten „objektive Nachweise", wie z. B. vorgelegte Dokumentationen.

Anhand des Auditplans und auf der Grundlage der Auditfragenliste werden die Mitarbeiter befragt, die jeweils für die Ausführung der Tätigkeiten verantwortlich sind. Dabei ist es sinnvoll, sich nicht starr an die Formulierung der Auditfragelisten zu halten. Zielführender sind offene Fragen, an deren Beantwortung der Auditor erkennen kann, ob die reale Arbeit den im Qualitätsmanagementsystem festgelegten Verfahren entspricht.

Beispiele für Fragestellungen während des Audits:
- Welche Aspekte Ihrer Qualitätspolitik haben für Sie besondere Geltung?
- Welches Seminar wurde zuletzt in dieser Abteilung neu entwickelt?
- Zeigen Sie mir doch einmal die Dokumentation dieser Neuentwicklung!
- Welche Referentenprofile benötigten Sie für die Seminardurchführung?

Der Auditor protokolliert während des Audits, ob die Anforderungen erfüllt sind sowie zusätzlich den eingesehenen Nachweis (Dokument, Checkliste etc.).

Es ist sinnvoll, interne und externe Auditoren stets von einem Mitarbeiter des zu auditierenden Bereichs begleiten zu lassen. Dadurch lassen sich ggf. Missverständnisse vermeiden.

Was wird unternommen, wenn Anforderungen nicht erfüllt werden?
„Abweichungen" gegenüber dem Handbuch bzw. der Norm werden dokumentiert. Üblicherweise ist für diese Fälle das Formular „Auditabweichungsbericht" vorgesehen. Dieses Formular erfüllt drei Aufgaben:
* Dokumentation der Abweichungen. Diese werden vom Auditor und von dem Mitarbeiter der Abteilung, der das Audit begleitet, unterzeichnet.
* Vereinbarung von Terminen, bis zu denen Korrekturen durchgeführt werden sollen.
* Dokumentation der Korrekturen.

Eine Kopie des „Auditabweichungsberichtes" soll noch während des Audits der auditierten Abteilung überlassen werden.

6. Zertifizierung

6. Zertifizierung

6.1 Die Zertifizierung als anerkannter Nachweis der Qualitätsfähigkeit

Zielstellung einer Zertifizierung ist die Beantwortung der Frage, ob das Qualitätsmanagementsystem und damit die Organisation des Bildungsanbieters mit seinen Prozessen, Schnittstellen und Methoden geeignet ist, die Forderungen der Kunden, aber auch die Forderungen der eigenen Qualitätspolitik zu erfüllen.

Der strategische Ansatz liegt in der jährlich wiederkehrenden Überprüfung durch externe Fachleute (Auditoren). Dadurch ist gewährleistet, dass das Systems erstens auf hohem Niveau beibehalten und zweitens kontinuierlich verbessert wird.

Die Auditoren geben Hinweise auf Schwachstellen und Optimierungspotenziale und spiegeln die Leistungsfähigkeit der Organisation vor dem Hintergrund ihres Branchenüberblicks. Dies bedingt natürlich die Auswahl einer auf die Bildungsbranche spezialisierten Zertifizierer.

Die Planung, Durchführung und Auswertung eines Auditprogramms folgt nach klaren Regeln und internationalen Vorgaben (z.B. in der ISO 19011, Teil 1) – Zu beachten ist auch die Qualifikation der Auditoren. Ihre hohen Anforderungen sind ebenfalls in einer internationalen Norm (ISO 19011) definiert.

6.2 Auswahl einer Zertifizierungsgesellschaft

Vor Eintritt in das Zertifizierungsverfahren sollten Sie sich einen Überblick über die geeigneten Zertifizierungsstellen verschaffen. Zentrales Kriterium sollte die Kompetenz in der Bildungsbranche sein.

Bei der TGA (Trägergemeinschaft für Akkreditierung GmbH, Frankfurt/M.) erhalten Sie eine Liste der Einrichtungen, die für die Zertifizierung von Qualitätsmanagementsystemen in bestimmten Branchen akkreditiert sind. Achten Sie darauf, dass die Zertifizierungsstelle, von der Sie Ihr Qualitätsmanagementsystem zertifizieren lassen wollen, dort akkreditiert ist. Die TGA ist die nationale Akkreditierungsstelle in Deutschland, sie überwacht die Arbeit der einzelnen von ihr akkreditierten Zertifizierungsorganisationen auf der Grundlage internationaler Normen und garantiert damit deren Seriosität. Nur ein Zertifikat von diesen Zertifizierungsstellen wird von Ihren Kunden auch anerkannt.

Die CERTQUA – Gesellschaft der Deutschen Wirtschaft zur Förderung und Zertifizierung von Qualitätssicherungssystemen in der beruflichen Bildung – (www.certqua.de) ist als spezialisierte Zertifizierungsorganisation schwerpunktmäßig im Bereich der beruflichen Bildung aufgestellt und ist dort Marktführerin.

Mit vielen Dienstleistungen fördert und unterstützt sie die Arbeit der Bildungsorganisationen. Sie bietet Überprüfungen vorhandener Qualitätsansätze bereits im Vorfeld einer Zertifizierung an („Qualitäts-Check-Up"). Angehende Qualitätsmanagementbeauftragte und Auditoren unterstützt sie mit auf das Bildungsmanagement spezialisierten Qualifizierungen. Für Fach- und Führungskräfte des Bildungsmanagements werden weitere Spezialmodule bereitgehalten.

Audits werden sowohl nach internationalen (ISO 9001-Zertifizierung) wie auch nach kundenspezifischen Standards durchgeführt.

Als erste „Fachkundige Stelle" wurde sie von der Anerkennungsstelle bei der Bundesagentur für Arbeit für Träger- und Maßnahmenzulassung nach AZWV (Anerkennungs- und Zulassungsverordnung Weiterbildung) akkreditiert.

6.3 Das Zertifizierungsverfahren

Akkreditierte Zertifizierungsstellen arbeiten nach einheitlichen Standards. So ist z. B. auch der Zeitaufwand für die Auditierung vor Ort definiert.

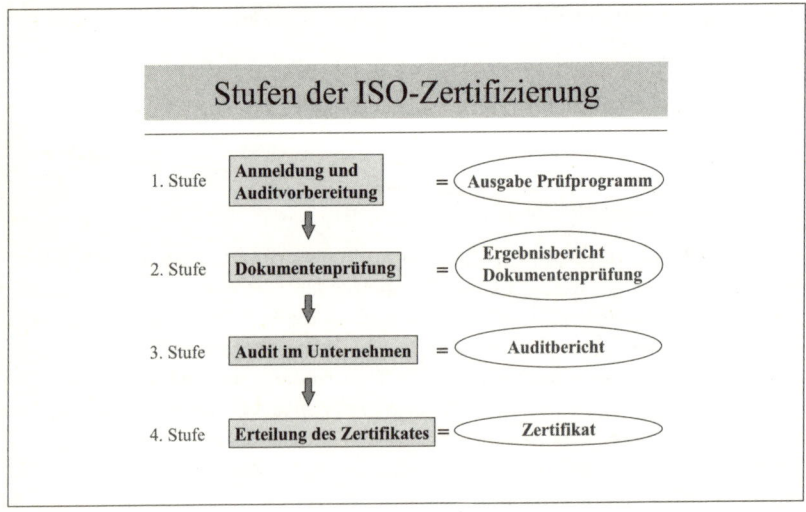

Folgende „Leistungsstufen" sind bei der Zertifizierung von Qualitätsmanagementsystemen üblich:

6.3.1 Auditvorbereitung (1. Stufe)

Zunächst sollte man ein Gespräch mit den Experten der Zertifizierungsorganisation führen, in dem Einzelheiten, Auditschwerpunkte, Dokumentationsanforderungen etc. geklärt werden. Es ist sinnvoll, dieses Gespräch bereits zu Beginn des Zertifizierungsprojektes zu führen, um möglichst viele Informationen rechtzeitig in die eigene Organisation zu geben.

Nach Vertragsschluss erhalten Sie alle Auditfragelisten, Planungsdokumente des Auditprogramms etc.

Optional kann ein Voraudit durchgeführt werden, das detailliert Auskunft über den aktuellen Stand des Qualitätsmanagements und die notwendigen Ergänzungen für eine erfolgreiche Zertifizierung liefert.

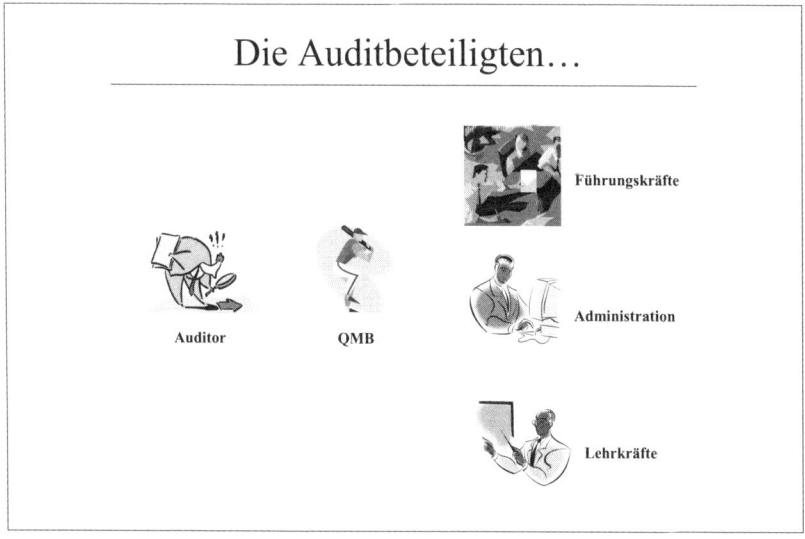

Nutzen Sie gegebenenfalls die Möglichkeit eines Voraudits!

6.3.2 Prüfung des Qualitätsmanagementhandbuchs (2. Stufe)

In diesem Prüfungsschritt erfolgt eine ausführliche Prüfung der Qualitätsmanagementdokumentation auf Vollständigkeit, Plausibilität und Normkonformität. Ein detaillierter Bericht erläutert ggf. noch vorzunehmende Verbesserungen. Außerdem enthält er eine Entscheidung über die grundsätzliche Zertifizierungsfähigkeit der Organisation.

QM-Dokumentationsprüfung…

…auf Vollständigkeit, Plausibilität und Normkonformität.

6.3.3 Audit im Unternehmen (3. Stufe)

Audit ist die Suche nach Nachweisen.

In diesem Prüfungsschritt erfolgt die Auditierung vor Ort, also in der Bildungsorganisation selbst.

Mit dem zuständigen Auditleiter der Zertifizierungsorganisation wird ein Auditplan vereinbart. Dieser legt die zu prüfenden Unternehmensbereiche, Standorte und die dort jeweils zu interviewenden Mitarbeiter verbindlich fest. Ziel der Abstimmung eines Auditplans ist die strukturierte ergebnisorientierte Durchführung eines jeden Audittages.

Aufgabe der Auditoren ist, in der Bildungsorganisation *objektive Nachweise* dafür zu finden, dass das dokumentierte Qualitätsmanagementsystem der Realität entspricht und die Anforderungen der ISO 9001 erfüllt werden. Zu den Aufgaben der Auditoren gehört das Aufzeigen von Schwachstellen, die Veranlassung kontinuierlicher Verbesserungsmaßnahmen sowie auch die Überwachung der Wirksamkeit eingeleiteter Verbesserungsmaßnahmen.

Die Mitarbeiter werden möglichst an ihren Arbeitsplätzen auf der Grundlage der Auditfrageliste interviewt. Zusätzlich werden ergänzende Dokumente und Nachweise eingesehen.

Audit. Worum geht es ?

Ist das, was in der QM-Dokumentation als für die Organisation verbindlich vereinbart wurde, bei allen Mitarbeitern bekannt und wird es zielorientiert praktiziert?

Was sind *objektive Nachweise?* Dies sind in der Regel Dokumente, die die Anwendung einer Verfahrensanweisung belegen:

Die Auditinterviews, z.B. von CERTQUA-Auditoren, erfolgen im Rahmen eines Arbeits- oder Fachgespräches. Dadurch wird der Eindruck einer „inquisitorischen" Befragung vermieden. Die Auditoren ordnen die erhaltenen Antworten und Informationen der mitgeführten *Auditfrageliste* zu. Diese Auditorencheckliste dient einerseits der Dokumentation des Audits, andererseits wird die Vollständigkeit der eingeholten Informationen ersichtlich.

Ziel aller Fragen und Einsichtnahmen ist die Feststellung der tatsächlichen Umsetzung des in der QM-Dokumentation vorgestellten Systems in die realen Unternehmensabläufe.

Umgang mit Abweichungen

Wenn die von den Auditoren vorgefundene Vorgehensweise in der Bildungsorganisation nicht der im Qualitätsmanagementhandbuch geplanten Vorgehensweise entspricht, bzw. die tatsächliche Vorgehensweise die Anforderungen der Norm nicht erfüllt, dokumentieren die Auditoren eine *Abweichung* in ihrem Auditprotokoll.

Die Zertifizierungsorganisationen klassifizieren die ermittelten Abweichungen, die im Hinblick auf die Zertifizierung dann zu unterschiedlichen Folgen führen. Die wichtigsten Klassifizierungen sind die „Hauptabweichung", die ein Nachaudit zur Folge hat, und die „Abweichung", deren Korrektur vor Erteilung des Zertifikates dem Auditleiter der Zertifizierungsstelle nachgewiesen werden muss (i.d.R. schriftlich).

Abschlusspräsentation der Ergebnisse

Eine erste Übersicht über die im Audit ermittelten Ergebnisse, positiven Aspekte, Optimierungspotenziale und Schwachstellen geben die Auditoren in der Abschlusspräsentation.

Auf der Basis der evtl. festgestellten Abweichungen formulieren sie eine Empfehlung für den (späteren) unabhängigen Zertifizierungsausschuss. Dieser, nicht etwa die Auditoren vor Ort, entscheidet letztendlich über die Zertifikatserteilung.

6.3.4 Zertifizierung und Überwachung

Der erfolgreiche Abschluss des Zertifizierungsaudits führt zur Erteilung des ISO-Zertifikates, welches der Bildungsorganisation die Existenz, die Wirksamkeit und die Anwendung eines Qualitätsmanagementsystems auf der Basis der DIN EN ISO 9001:2000 bestätigt.

Das Zertifikat wird für drei Jahre erteilt, wobei jedes Jahr ein (kürzeres) Überwachungsaudit stattfindet.

Bei *Überwachungsaudits* werden stichprobenweise die wichtigsten Bereiche des Qualitätsmanagementsystems überprüft.

Für eine Verlängerung nach drei Jahren ist eine umfangreichere *Rezertifizierung* erforderlich. Hierfür wird wieder die Wirksamkeit des gesamten Qualitätsmanagementsystems überprüft, beginnend mit der Überprüfung des inzwischen den veränderten Bedingungen angepassten Qualitätsmanagementhandbuchs.

6.4 Werbung mit dem Zertifikat

Nach erfolgter Zertifizierung erhält man eine Urkunde der Zertifizierungsgesellschaft, auf der die Zertifizierungsnorm ISO 9001, der zertifizierte Unternehmensbereich und die Gültigkeitsdauer benannt sind. Darüber hinaus ist man berechtigt, ein Logo der Zertifizierungsgesellschaft zu Werbezwecken einzusetzen. Das Zeichen für ein zertifiziertes Qualitätsmanagementsystem darf nicht so verwendet werden, dass es irrtümlich als ein „Prüfsiegel" für eine einzelne Bildungsmaßnahme gehalten werden kann.

Der Zertifizierungsausschuss...

...prüft die Empfehlung des Auditleiters nochmals nach Aktenlage und trifft die Zertifizierungsentscheidung.

Falls die Zertifizierung nur für einen bestimmten Geltungsbereich innerhalb der Bildungsorganisation durchgeführt wurde, geht dies aus dem Text der Zertifizierungsurkunde hervor. Bei werblichen Darstellungen mit dem Zertifizierungshinweis muss der eingeschränkte Zertifizierungsbereich erkennbar sein.

CERTQUA

Z E R T I F I K A T

CERTQUA, die Gesellschaft der Deutschen Wirtschaft zur Förderung
und Zertifizierung von Qualitätssicherungssystemen in der Beruflichen
Bildung mbH, bestätigt, dass die

Bildungsakademie Mustermann GmbH
Musterstraße 10, 53135 Musterstadt

für den Geltungsbereich

Entwicklung und Durchführung von Bildungsmaßnahmen

ein Qualitätsmanagementsystem eingeführt hat und anwendet.

In einem Zertifizierungs-Audit wurde nachgewiesen,
dass dieses Qualitätsmanagementsystem den Forderungen der Norm

DIN EN ISO 9001:2000

entspricht und geeignet ist, die qualitätspolitischen Zielsetzungen,
auf die ausdrücklich verwiesen wird, zu verwirklichen und aufrechtzuerhalten.

Dieses Zertifikat ist gültig bis

29.06.2009

Dieses Zertifikat ist von CERTQUA registriert unter der Nummer

06 – 10111 – Z (1)

Bonn, 30. Juni 2006

CERTQUA

TGA-ZQ-01/95-00

Für den Zertifizierungsausschuss

Anhang

Kurzprofil CERTQUA

Die *CERTQUA* ist ein Unternehmen der Spitzenverbände der Deutschen Wirtschaft und des Wuppertaler Kreises e.v. Sie ist akkreditierter Spezialdienstleister für die Bildungswirtschaft.

Ihr Kerngeschäft ist die *Zertifizierung* nach internationalen Qualitätsstandards (DIN EN ISO 9001). Für diese Aufgabe ist sie nach dem internationalen Standard ISO 45012 akkreditiert.

Bildungsorganisationen unterstützt sie durch professionelle Management- und Prozessaudits. Dazu führt sie Prüfungen schwerpunktmäßig in Deutschland, aber auch im Ausland durch. Ihre Experten analysieren Prozesse in allen Funktionsbereichen, ermitteln Risiken und Optimierungspotenziale und empfehlen Maßnahmen zur Erhöhung der Effektivität und Effizienz.

Hervorragende *Branchenspezialisten* und die mit Abstand größte Erfahrung in der Zertifizierung von Bildungsorganisationen nach internationalen Qualitätsstandards sind Ausweis ihrer Leistungsfähigkeit.

CERTQUA ist die marktführende „Fachkundige Stelle" gem. §§ 84, 85 SGB III (AZWV)
Über die internationale Akkreditierung (ISO 45012) als Zertifizierer für Qualitätsmanagementsysteme hinaus ist die CERTQUA seit 2005 auch als Fachkundige Stelle (FKS) durch die Anerkennungsstelle der Bundesagentur für Arbeit akkreditiert. Damit können künftig auch Zertifizierungsdienstleistungen im Bereich der Träger- und Maßnahmenzulassung gem. §§ 84 ff. SGB III erbracht werden. Die Zertifizierung durch eine FKS ist seit dem 01.01.2006 bei Bildungsträgern zwingend vorgeschrieben, die in der durch die Arbeitsagenturen geförderten FbW-Qualifizierung tätig sind.

Schulung von Fach- und Führungskräften des Bildungsmanagements
Den Qualitätsmanagementaufbau fördert die CERTQUA durch ein erstklassiges Ausbildungsprogramm – national und international.

Unternehmensspezifische Lösungen in allen Bereichen der Qualitätssicherung
Neben der Zertifizierung von Qualitätsmanagmentsystemen auf akkreditierter Basis führt die CERTQUA auch systematische Prüfungen auf Basis kundenspezifischer Qualitätsstandards durch – so etwa bei den Industrie- und Handelskammern.

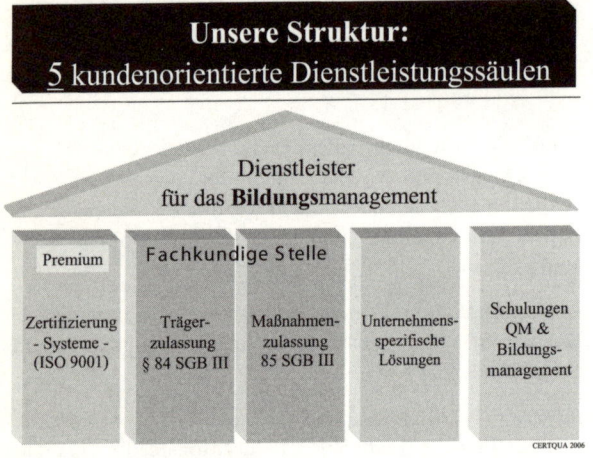

Weitere Informationen:
CERTQUA GmbH – Gesellschaft der Deutschen Wirtschaft zur Förderung und Zertifizierung von Qualitätssicherungssystemen in der beruflichen Bildung mbH
Bonner Talweg 68,
D-53113 Bonn,
E-Mail: info@certqua.de
Internet: www.certqua.de
Tel.: 0228 4299200
Fax: 0228 2803430

Wuppertaler Kreis e.V.

Der Wuppertaler Kreis – Bundesverband betriebliche Weiterbildung, gegründet im Jahre 1955 auf Initiative der Spitzenverbände der deutschen Wirtschaft - ist der Dachverband der wirtschaftsnahen Weiterbildungseinrichtungen in Deutschland. Jährlich führen die über fünfzig Mitgliedsinstitute des Wuppertaler Kreises über 80.000 Seminare und Bildungsmaßnahmen durch; sie erzielen damit jährlich einen Umsatz von über einer Milliarde Euro.

Qualitätssicherung in der Weiterbildung
Die Mitglieder des Wuppertaler Kreises haben sich zur Einhaltung eines gemeinsamen hohen Qualitätsstandards in der Weiterbildung verpflichtet. Als Dachorganisation setzt sich der Wuppertaler Kreis auch in der Öffentlichkeit für die Qualitätssicherung in der Weiterbildung ein. Die Qualitätskriterien, die für eine Mitgliedschaft im Wuppertaler Kreis erfüllt werden müssen, sind in seinen „Grundsätzen zur Sicherung der Qualität in der Weiterbildung" festgelegt, die Mitgliedschaft gilt damit als Gütesiegel für die beteiligten Institute.

Erfahrungsaustausch
Eine wichtige Aufgabe des Wuppertaler Kreises ist der Erfahrungsaustausch zwischen Weiterbildungseinrichtungen der Wirtschaft und Unternehmen, Verbänden und Behörden. Hierzu sind Arbeitsgruppen und Ausschüsse zu verschiedenen Themen eingerichtet.

Projektarbeit
Er führt regelmäßig Forschungs- und Entwicklungsprojekte durch. Schwerpunkte der Forschung bilden neben Fragen der Personalentwicklung und Weiterbildung aktuelle betriebswirtschaftliche Themen. Die Ergebnisse der Forschungsarbeit werden in der Reihe der „Berichte des Wuppertaler Kreises" als Leitfäden für die unternehmerische Praxis veröffentlicht.

Interessenvertretung
Der Wuppertaler Kreis vertritt die Interessen der Weiterbildungseinrichtungen der Wirtschaft bei Verbänden, Ministerien und der Politik. Er ist der Ansprechpartner zu Themen der betrieblichen Weiterbildung.

Anschrift:
Wuppertaler Kreis e. V.
Bundesverband betriebliche Weiterbildung
Widdersdorfer Straße 217
50825 Köln
Tel.: (02 21) 37 20 18
Fax: (02 21) 38 59 52
E-Mail: info@wkr-ev.de
Internet: http://www.wkr-ev.de

Literaturhinweis

Zur Vertiefung empfehlen wir:

Reihe: DIN-Taschenbuch 226

Titel: Qualitätsmanagement-Verfahren

Kurzinfo: Die Neuauflage enthält neben den internationalen QM-Normen zu den Themen „Qualitätsmanagementsysteme – Anforderungen", „Leitfaden für Audits von Qualitätsmanagement- und / oder Umweltmanagementsystemen" u. a. auch die 2004er-Ausgabe der DIN EN ISO 10012 „Messmanagementsysteme". Im Anhang findet sich außerdem der DIN-Fachbericht ISO 10006 „QM-Systeme-Leitfaden für Qualitätsmanagement in Projekten".

Herausgeber: DIN

Auflage: 5

ISBN: 3-410 158-88-X

Preis: 75,40 €

Verlag: Beuth Verlag, Berlin

Grundlagen der Weiterbildung

Neu bei ZIEL: Die Reihe Grundlagen der Weiterbildung! (vormals bei Luchterhand)
Hier finden Sie einen kleinen Auszug aus dem umfangreichen Reihenprogramm:

Ulrich Dauscher

Moderationsmethode und Zukunftswerkstatt

3. überarbeitete, erweiterte Auflage
254 Seiten, Format 14 x 21 cm
81 Abb. / Graf. / Tab.
24,90 € / 44,– sFr (Softcover)
ISBN-10: 3-937 210-52-0
ISBN-13: 978-3-937 210-52-0

Manuel Schulz, Heinz Glump (Hrsg.)

Fernausbildung ist mehr …

Auf dem Weg vom technologischen
Potenzial zur didaktischen Innovation
448 Seiten, Format 14 x 21 cm
11 Abb. / Graf. / Tab.
39,80 € / 68,– sFr (Softcover)
ISBN-10: 3-937 210-57-1
ISBN-13: 978-3-937 210-57-5

Horst Siebert

Didakt. Handeln in der Erwachsenenbildung

Didaktik aus konstruktivistischer Sicht
5. überarbeitete Auflage
336 Seiten, Format 14 x 21 cm
99 Abb. / Graf. / Tab.
19,90 € / 39,80 sFr (Softcover)
ISBN-10: 3-937 210-76-8
ISBN-13: 978-3-937 210-76-6

Tilly Miller

Sozialarbeitsorientierte Erwachsenenbildung

Theoretische Begründung und Praxis
192 Seiten, Format 14 x 21 cm
25 Abb. / Graf. / Tab.
20,– € / 40,– sFr (Softcover)
ISBN-10: 3-937 210-34-2
ISBN-13: 978-3-937 210-34-6
(Alte ISBN: 3-472 052-30-9)

Horst Siebert

Vernetztes Lernen

Systemisch-konstruktivistische
Methoden der Bildungsarbeit
216 Seiten, Format 14 x 21 cm
103 Abb. / Graf. / Tab.
19,90 € / 39,80 sFr (Softcover)
ISBN-10: 3-937 210-36-9
ISBN-13: 978-3-937 210-36-0
(Alte ISBN: 3-472 052-54-6)

Heidi Behrens-Cobet, Norbert Reichling

Biographische Kommunikation

Lebensgeschichten im Repertoire
der Erwachsenenbildung
128 Seiten, Format 14 x 21 cm
17,90 € / 35,80 sFr (Softcover)
ISBN-10: 3-937 210-19-9
ISBN-13: 978-3-937 210-19-3
(Alte ISBN: 3-472 028-97-1)

Wolfgang Wittwer, Steffen Kirchhof (Hrsg.)

Informelles Lernen und Weiterbildung

Neue Wege zur Kompetenzentwicklung
248 Seiten, Format 14 x 21 cm
54 Abb. / Graf. / Tab.
22,50 € / 45,– sFr (Softcover)
ISBN-10: 3-937 210-37-7
ISBN-13: 978-3-937 210-37-7
(Alte ISBN: 3-472 052-57-0)

Wuppertaler Kreis e.V., CERTQUA

Qualitätsmanagement und Zertifizierung in Bildungsorganisationen

auf der Basis des internationalen
Standards DIN EN ISO 9001:2000
2. überarbeitete Auflage
112 Seiten, Format 14 x 21 cm, 26 Abb.
17,90 € / 35,80 sFr (Softcover)
ISBN-10: 3-937 210-77-6
ISBN-13: 978-3-937 210-77-3

Rolf Arnold, Wiltrud Gieseke (Hrsg.)

Die Weiterbildungsgesellschaft, Band I

Bildungstheoretische
Grundlagen und Analysen
222 Seiten, Format 14 x 21 cm
zahlreiche Grafiken und Tabellen
19,90 € / 39,80 sFr (Softcover)
ISBN-10: 3-937 210-24-5
ISBN-13: 978-3-937 210-24-7

Rolf Arnold, Wiltrud Gieseke (Hrsg.)

Die Weiterbildungsgesellschaft, Band II

Bildungspolitische Konsequenzen
261 Seiten, Format 14 x 21 cm
zahlreiche Grafiken
18,– € / 36,– sFr (Softcover)
ISBN-10: 3-937 210-25-3
ISBN-13: 978-3-937 210-25-4

Herausgeber:
RA Jörg E. Feuchthofen
Prof. Dr. Michael Jagenlauf MA
Prof. Dr. Arnim Kaiser

Die Bücher der Reihe „Grundlagen der Weiterbildung" geben Raum für Theorien,
die das berufliche Handeln anregen und vertiefen und bieten praktische
Grundlagen und Tools. Konkurrierende Theorien, Praxen, Modelle und Ansätze
werden gedanklich und empirisch weitergeführt.

Ulrich Dauscher

Moderationsmethode und Zukunftswerkstatt

3. überarbeitete, erweiterte Auflage
254 Seiten, Format 14 x 21 cm
81 Abb. / Graf. / Tab.
24,90 € / 44,– sFr (Softcover)
ISBN-10: 3-937 210-52-0
ISBN-13: 978-3-937 210-52-0

Probleme lösen, Zukunftsvorstellungen entwickeln, Entscheidungen treffen, miteinander lernen – Moderation ist gefragt, wenn Gruppen ein gemeinsames Ergebnis erarbeiten wollen. Die beiden klassischen, weit verbreiteten Ansätze der Moderationsmethode und der Zukunftswerkstatt stellt Ulrich Dauscher übersichtlich und detailliert zugleich dar, so dass das Buch ebenso für den Einstieg, wie fürs Nachschlagen geeignet ist. Die Neuauflage wurde überarbeitet und durch einen Beitrag von Carole Maleh ergänzt, in dem sie einen umfassenden Überblick zu Ansätzen der Großgruppenmoderation bietet.

Aus dem Inhalt:
Entwicklung von Moderationsmethode und Zukunftswerkstatt – Visualisierung – Moderator – Frage- und Antworttechniken – Phasen der Moderation – Gemeinsamkeiten und Unterschiede der Methoden – Übersicht neuer Großgruppenverfahren

Horst Siebert

Selbstgesteuertes Lernen und Lernberatung

Konstruktivistische Perspektiven
2. überarbeitete Auflage
181 Seiten, Format 14 x 21 cm
49 Abbildungen und Grafiken
16,90 € / 30,90 sFr (Softcover)
ISBN-10: 3-937 210-55-5
ISBN-13: 978-3-937 210-55-1

„Selbstgesteuertes Lernen" ist ein Konzept, das derzeit in Bildungspolitik, Bildungswissenschaft und Bildungspraxis diskutiert wird. Grundlegend ist die konstruktivistische Annahme, dass Lernende ihre Lernprozesse aktiv gestalten und dass die Lernberatung an Bedeutung gewinnt. Hintergrund für diese neuen Sichtweisen des Lehrens und Lernens sind soziokulturelle Veränderungen der Lern- und Wissenskulturen sowie der Lernmentalitäten, in einer Zeit, die als postmodern interpretiert werden kann. Das Buch wendet sich an Studierende und Praktiker der beruflichen und allgemeinen Weiterbildung. Es enthält didaktisch-methodische Impulse und Anstöße zur Reflexion der Bildungsarbeit. Neu sind in dieser 2. Auflage u.a. die Kapitel über subjektive Lerntheorien, konstruktivistische Grundlagen der Lernberatung, milieuspezifische Lerneinstellungen.

Aus dem Inhalt:
Selbstgesteuertes Lernen: zur Geschichte einer reformpädagogischen Idee – Theoretische Aspekte – Empirische Befunde zum selbstgesteuerten Lernen – Lernberatung – Lernkulturen

Dieter Nittel, Reinhard Völzke (Hrsg.)

Jongleure der Wissensgesellschaft

Das Berufsfeld der Erwachsenenbildung
280 Seiten, Format 14 x 21 cm
58 Abb. / Graf. / Tab.
20,– € / 40,– sFr (Softcover)
ISBN-10: 3-937 210-32-6
ISBN-13: 978-3-937 210-32-2
(Alte ISBN: 3-472 044-52-7)

Im Berufsfeld der Erwachsenenbildung arbeiten rund 500.000 Personen. Die meisten von Ihnen sind nebenberuflich oder freiberuflich tätig. Doch wie sieht dieses recht heterogene Berufsfeld aus? Das Buch dokumentiert anhand von 18 persönlichen Portraits die Breite des Berufsfeldes, beschreibt die Vielfalt der Einsatzmöglichkeiten und gibt konkrete Einblicke in die beruflichen Leistungen der Weiterbildungsprofis. Die biografische Darstellungsweise garantiert eine höchst spannende Auseinandersetzung mit der Gegenwart und Zukunft der Weiterbildung in Deutschland. Zusammen mit den dargestellten Fakten im Einführungs- und Serviceteil stellt das Buch außerdem einen idealen Leitfaden für die Berufsorientierung von Erwachsenenpädagogen dar.

Aus dem Inhalt:
Einführung: Wissensgesellschaft und Erwachsenenbildung – Erwachsenenbildner im Angestelltenverhältnis – freiberufliche Erwachsenenbildner – ehrenamtlich / nebenberuflich tätige Erwachsenenbildner – Service: Einrichtungen, Internet-Adressen, Literatur

Richard Merk

Weiterbildungs-Management

Bildung erfolgreich und innovativ managen
3. Auflage
488 Seiten, Format 14 x 21 cm
229 Abb. / Graf. / Tab.
42,– € / 72,– sFr (Softcover)
ISBN-10: 3-937 210-58-X
ISBN-13: 978-3-937 210-58-2

Das Weiterbildungsmanagement beschreibt den Prozess, wie Weiterbildung erfolgreich sein und gemanagt werden kann. Es versteht sich als wissenschaftlich-praktisches Fundament für die systematische Planung und Umsetzung von Bildungsangeboten und Weiterbildungsberatung. Es stellt das strategische Denken und operative Handeln der Fach- und Führungskräfte in den Mittelpunkt. Indem der Prozess der konzeptionellen Entwicklung und effizienten Realisierung von Bildungsdienstleistungen in seine Elemente zerlegt wird, wird erkennbar, wie Weiterbildung erfolgreich werden kann. Der pädagogische Prozess des Lehrens und Lernens mit Erwachsenen muss in der Wettbewerbswirtschaft in einen unternehmerischen Zusammenhang gestellt werden. Die Anwendung des integrierten Managementkonzepts hat zu einer kontroversen Diskussion in der Weiterbildung geführt und den Professionalisierungsprozess beschleunigt.

Aus dem Inhalt:
Professionalität in der Weiterbildung – zum Selbstverständnis des Weiterbildungsmanagements – strategisches Management – operatives Management – funktionales Managementhandeln – Wirtschaftsbranche Weiterbildung

Herausgeber:
RA Jörg E. Feuchthofen
Prof. Dr. Michael Jagenlauf MA
Prof. Dr. Arnim Kaiser

Die Bücher der Reihe „Grundlagen der Weiterbildung" geben Raum für Theorien, die das berufliche Handeln anregen und vertiefen und bieten praktische Grundlagen und Tools. Konkurrierende Theorien, Praxen, Modelle und Ansätze werden gedanklich und empirisch weitergeführt.

Manuel Schulz u. a.

Kommunikation aktiv

Basiswissen, Beispiele und Übungen für
das selbstorganisierte Training
3. Auflage, 410 Seiten, Format A4
166 Abb. / Graf. / Tab.
60,- € / 101,- sFr (Ringbuchordner)
ISBN-10: 3-937 210-53-9
ISBN-13: 978-3-937 210-53-7

Der praxisorientierte Ringbuchordner enthält Materialien zum Kommuni-
kationstraining, die sowohl im Selbststudium als auch im Rahmen von Füh-
rungskräftetrainings verwendet werden können. Lernmodule sind hier Basiswissen, anwendungsorientiertes Know-how, Übungen und ein Glossar
mit zentralen Begriffen für einen schnellen Themenzugang. Der zusätzlich
bestellbare Dozentenleitfaden enthält auf 68 Seiten didaktische Hinweise
und Vorschläge zur Gestaltung von Seminaren. Zahlreiche Abbildungen
und Tabellen machen ihn zu einem ansprechenden Arbeitsmittel.

Aus dem Inhalt:
Einführung in die Kommunikation – Sprechdenken und Schlagfertigkeit –
Sprech- und Atemtechnik – Körpersprache – Rede – Präsentation – Dialog
– Diskussion und Besprechung

Horst Siebert

Didakt. Handeln in der Erwachsenenbildung

Didaktik aus konstruktivistischer Sicht
5. überarbeitete Auflage
336 Seiten, Format 14 x 21 cm
99 Abb. / Graf. / Tab.
19,90 € / 39,80 sFr (Softcover)
ISBN-10: 3-937 210-76-8
ISBN-13: 978-3-937 210-76-6

Didaktik ist der Kern der Bildungsarbeit in Theorie und Praxis. Didaktik ist
jedoch nicht nur Lehre, sondern Ansprache von Zielgruppen sowie
Gestaltung von Bildungsprogrammen und Lernkulturen. Zur Didaktik gehören deshalb auch die Ermittlung des Bildungsbedarfs und der Bildungs-
bedürfnisse, die Qualitätssicherung und eine ökologische Bilanzierung. Das
hier dargestellte didaktische Konzept orientiert sich an der Erkenntnis-
theorie des Konstruktivismus. Diese neurobiologisch fundierte Theorie
betont, dass Lernen ein selbstgesteuerter, biographisch beeinflusster Prozess ist. Lernen wird also nicht lediglich als eine Reaktion auf Lehre verstanden. Überspitzt formuliert: Erwachsene sind lernfähig, aber unbelehr-
bar; sie lernen nur das, was für sie relevant und "viabel" ist; sie hören nur
zu, wenn sie zuhören wollen. Konstruktivistisch gesehen ist Didaktik vor
allem die Planung von Lernmöglichkeiten, die die Selbstverantwortung der
Lernenden respektiert. Hierzu liefert das Buch zentrales Didaktik-Wissen
und gibt wertvolle Orientierungshilfen zum didaktischen Handeln.

Aus dem Inhalt:
Bedingungen der Didaktik – Angebot und Nachfrage – Didaktische Theo-
rien – Didaktische Prinzipien – Modelle der Didaktik – Didaktische
Handlungsfelder – Glossar

Arnim Kaiser, Ruth Kaiser

Denken trainieren Lernen optimieren

Metakognition als Schlüsselkompetenz
2. überarbeitete Auflage des Titels
„Metakognition"
216 Seiten, Format 14 x 21 cm
55 Abb. / Graf. / Tab.
16,90 € / 30,90 sFr
ISBN-10: 3-937 210-78-4
ISBN-13: 978-3-937 210-78-0 (Softcover)

Theoretische Grundlagen und relevante Sachinformationen:
Der ‚Computer' in unserem Kopf – Denken als Prozess der Informations-
verarbeitung – Was läuft beim Denken im Gehirn ab? – Ergebnisse der Hirn-
forschung – Druck spüren, Übersicht gewinnen – Denken und Emotion –
Gibt es noch mehr als Denken? – Das Konzept ‚Metakognition' und die
wichtigsten Trainingsverfahren
Anregungen, Beispiele und praktische Übungen zur Aneignung metakogniti-
ver Kompetenzen: – Was läuft beim Denken ‚in' mir ab? – Technik des Lau-
ten Denkens – Schwierige Aufgaben gezielt anpacken – Selbstbefragungs-
technik – Entwicklungsstory meines Denkens und Lernens – Lerntagebuch –
Mein (meta-)kognitiver Musterkoffer – Portfolio – Texte besser verstehen,
Denkschwierigkeiten bewältigen – Lesekompetenz und Problemlösen.
Denk- und Lernoptimierung in der Weiterbildung:
Elf wichtige Tips für Kursleitende – ragebogen für den praktischen Einsatz
und als Hilfe bei methodischen Entscheidungen – Die Fragebogenergebnisse:
Grundlage und Leitfaden für Lernberatung

Heiner Barz

Innovation in der Weiterbildung

Was Programmverantwortliche heute
wissen müssen
216 Seiten, Format 14 x 21 cm
55 Abb. / Graf. / Tab.
19,90 € / 39,80 sFr (Softcover)
ISBN-10: 3-937 210-81-4
ISBN-13: 978-3-937 210-81-0

Der Weiterbildungssektor ist heute von Umstrukturierungen und teilweise gegenläufigen Trends geprägt. Um Orientierungshilfen hierzu zu erarbeiten, hat das hvv-Institut, Frankfurt am Main, ein Trendforschungsprojekt
initiiert. Ziel dieses Projektes war es, Eckdaten zur zukünftigen Verän-
derungsdynamik der Weiterbildungsszene zu generieren. Anknüpfend an
die Delphi-Studie „Future Values" wurden Gespräche mit führenden
Weiterbildungs- und Zukunftsexperten (M. Horx, E. Nuissl, H. W. Opa-
schowski u.a.) geführt sowie einschlägige Publikationen und Branchen-
dienste inhaltsanalytisch ausgewertet. Die vorliegende Dokumentation von
Weiterbildungstrends bietet eine solide Bestandsaufnahme der treibenden
Kräfte, der Herausforderungen, der Chancen und Risiken, mit denen die
Akteure des Weiterbildungsmarktes sich heute konstruktiv auseinander-
setzen müssen.

Aus dem Inhalt:
Innovation – Weiterbildungs-Awards – Die vierfache Herausforderung der
Weiterbildung: neue Strukturen, Methoden, Themen, Zielgruppen – Die
Innovationsdatenbank des hvv – Weiterbildung auf neuen Wegen?! –
Experteninterviews

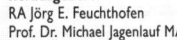

Herausgeber:
RA Jörg E. Feuchtofen
Prof. Dr. Michael Jagenlauf MA
Prof. Dr. Arnim Kaiser

Die Bücher der Reihe „Grundlagen der Weiterbildung" geben Raum für Theorien,
die das berufliche Handeln anregen und vertiefen und bieten praktische
Grundlagen und Tools. Konkurrierende Theorien, Praxen, Modelle und Ansätze
werden gedanklich und empirisch weitergeführt.

Arnim Kaiser (Hrsg.)

Selbstlernkompetenz

Metakognitive Grundlagen selbstregulierten Lernens und ihre praktische Umsetzung
239 Seiten, Format 14 x 21 cm
37 Abb. / Graf. / Tab.
19,90 EUR / 39,80 sFr (Softcover)
ISBN-10: 3-937 210-39-3
ISBN-13: 978-3-937 210-39-1

Die aktuelle erwachsenenpädagogische Diskussion wird von dem Leitziel bestimmt, das lebenslange Lernen möglichst vieler Erwachsener zu unterstützen. Dabei wird häufig vorausgesetzt, dass Erwachsene per se über die notwendigen Selbstlernkompetenzen verfügen. Die Praxis zeigt jedoch, dass Seminarleiter diese Annahme zu optimistisch einschätzen. Das Buch gibt deshalb Antworten auf die Frage, wie während des „normalen" Seminarangebots die Techniken zum selbst regulierten Lernen vermittelt werden können. Hintergrund des Buches sind die Ergebnisse eines zweijährigen Forschungsprojektes, an dem insgesamt 16 Bildungseinrichtungen der Erwachsenenbildung beteiligt waren.

Aus dem Inhalt:
Was ist selbstreguliertes Lernen? – Metakognition und Persönlichkeitsmerkmale – Metakognition und Lehr-/Lernarrangements – Mit Metakognition zu Transfererfolg? – Metakognitive Orientierungen von Kursleitenden – Ergebnisse im Überblick – Konsequenzen für die Weiterbildungspraxis

Tilly Miller

Sozialarbeitsorientierte Erwachsenenbildung

Theoretische Begründung und Praxis
192 Seiten, Format 14 x 21 cm
25 Abb. / Graf. / Tab.
20,– € / 40,– sFr (Softcover)
ISBN-10: 3-937 210-34-2
ISBN-13: 978-3-937 210-34-6
(Alte ISBN: 3-472 052-30-9)

Sozialarbeitsorientierte Erwachsenenbildung ist eine spezifische Arbeitsform in der Sozialen Arbeit und zugleich ist sie ein spezifischer Bereich der Erwachsenenbildung. Im vorliegenden Band wird dargelegt, was sozialarbeitsorientierte Erwachsenenbildung ist, wie sie sich vor dem Hintergrund eines systemischen Sozialarbeits- und Erwachsenenbildungsverständnisses begründen lässt und was ihr Profil ausmacht.
An insgesamt 13 Praxisbeispielen wird deutlich, mit welchen Zielgruppen, Aufgaben, Vorgehensweisen, Kompetenzanforderungen, Herausforderungen und Know-how in der Sozialen Arbeit erwachsenenbildnerisch gearbeitet wird.
Tilly Miller verfolgt zudem die für Studierende und Praktiker identitätsstiftende Absicht, das Berufs- und Anforderungsprofil zu präzisieren. Darüber hinaus will der Band Hochschullehrer und Lehrbeauftragte darin unterstützen, das Ausbildungsprofil zu konturieren und weiter zu entwickeln.

Aus dem Inhalt:
Modernes Verständnis Sozialer Arbeit – die Praxis sozialarbeitsorientierter Erwachsenenbildung – Überlegungen in Bezug auf Ausbildung und Studium – lebenslanges Lernen

Rolf Arnold, Claudia Gómez Tutor

Grundlinien einer Ermöglichungsdidaktik

Bildung ermöglichen – Vielfalt gestalten
216 Seiten, Format 14 x 21 cm
17 Abb. / Graf. / Tab.
19,90 € / 39,80 sFr (Softcover)
ISBN-10: 3-937 210-60-1
ISBN-13: 978-3-937 210-60-5

Lebensvorbereitende (Aus-)Bildung wird angesichts der Debatte um die Anforderungen der Wissensgesellschaft an die Einzelnen zu einem immer weniger tragfähigen Konzept. Eine Subjektstärkung durch die Entwicklung von Selbststeuerungskompetenzen erscheint damit als ein Weg aus der bisherigen defensiven Lernkultur, in der allein Lehrende stellvertretend für die Lernenden die Bildungsinhalte auswählen, aufbereiten und vermitteln wollen. Die Autoren erläutern auf systemisch-konstruktivistischer Grundlage die Konsequenzen aus einem Perspektivenwechsel für die Erwachsenenbildung und die pädagogische Professionalität von Lehrenden. Sie zeigen mit ihrer lernorientierten Sichtweise Wege aus den bislang vorhandenen erzeugungsdidaktischen Arrangements hin zu einer Ermöglichungsdidaktik auf, die hierbei auch die emotionale Kompetenz mit in den Blick nimmt.

Aus dem Inhalt:
Bildung, Wissen, Kompetenz – Lernkulturwandel – Erzeugungs- vs. Ermöglichungsdidaktik – selbstgesteuertes Lernen – Selbstlernkompetenz – virtuelle Lernumgebungen – pädagogische Professionalität – emotionale Kompetenzen und systemische Achtsamkeit

Horst Siebert

Vernetztes Lernen

Systemisch-konstruktivistische Methoden der Bildungsarbeit
216 Seiten, Format 14 x 21 cm
103 Abb. / Graf. / Tab.
19,90 € / 39,80 sFr (Softcover)
ISBN-10: 3-937 210-36-9
ISBN-13: 978-3-937 210-36-0
(Alte ISBN: 3-472 052-54-6)

Eine global vernetzte Welt, in der vieles mehrdeutig und unübersichtlich ist, erfordert ein Denken in Zusammenhängen. Systemisch-konstruktivistisches Denken wird auch in Pädagogik, Erwachsenenbildung und Bildungsmanagement immer wichtiger. Das Buch greift die aktuelle pädagogische Diskussion in der Bildungsarbeit auf und gibt Hinweise, wie vernetztes Lernen gestaltet werden kann. Im Mittelpunkt steht der Praxisteil, in dem verschiedene Methoden aus der Bildungsarbeit sowie neue vernetzte Lehr-/Lernkulturen dargestellt werden. Das Buch schließt im dritten Teil mit der Reflexion über die notwendigen Kompetenzen des pädagogischen Personals. Zahlreiche Beispiele und Anekdoten machen es zu einer verständlichen und kurzweiligen Lektüre.

Aus dem Inhalt:
Braucht die Bildungspraxis eine Neuorientierung? – eine Typologie – Didaktik des vernetzten Lernens – Instruktionsmethoden – Konstruktionsmethoden – Vernetzte Lehr-/Lernkulturen – Wissensmanagement in lernenden Organisationen – Systemisch-konstruktivistisches Denken als pädagogische Kompetenz

Herausgeber:
RA Jörg E. Feuchthofen
Prof. Dr. Michael Jagenlauf MA
Prof. Dr. Arnim Kaiser

Die Bücher der Reihe „Grundlagen der Weiterbildung" geben Raum für Theorien, die das berufliche Handeln anregen und vertiefen und bieten praktische Grundlagen und Tools. Konkurrierende Theorien, Praxen, Modelle und Ansätze werden gedanklich und empirisch weitergeführt.